09/07.2011

Die Welt ist eng geworden. Von überall nach überall braucht man höchstens zwei Tage. Das kann man beklagen. Man kann es aber auch machen wie der Berliner Reisejournalist und Drehbuchautor Knud Kohr: Einfach losfahren, um sich überall mal umzusehen. So ist Kohr schon im teuersten Hotel der Welt in Dubai aufgewacht, aber auch in einem schwarzen Township am Rande von Kapstadt. Mit einer Rockband hat er das Nachtleben von Tokio erkundet. Und mit einem Gewehr auf dem Schoß in den Wäldern Kanadas darauf gehofft, dass die Wölfe heute einen anderen Weg zur Futterstelle nehmen. Ein gutes Dutzend Geschichten und Reportagen aus der engen Welt treffen in diesem Buch zusammen. Ohne sich gegenseitig den Platz wegzunehmen. Knud Kohr wurde 1966 in Cuxhaven geboren und zog 1985 nach Berlin, wo er bis heute lebt. Zuletzt erschienen: „Kampftage. Die Geschichte des deutschen Berufsboxens" (Verlag „Die Werkstatt", 2000, gemeinsam mit Martin Krauß).

Knud Kohr
Die enge Welt

Für Gerrit und die Gören

Erste Auflage
Verbrecher Verlag Berlin 2006
www.verbrecherei.de

© Knud Kohr 2006
Gestaltung: Sarah Lamparter
Titelillustration: Manja Dornberger
Druck: Dressler, Berlin
Printed in Germany

ISBN: 3-935843-57-7

Der Verlag dankt Hanna Lemke und Marion Balasakis.

1	EINLEITUNG
9	SCHWARZ-ROT-NIDDENER BLAU
15	KLEINE MEXIKANISCHE GESCHICHTEN
23	ALLEIN GEGEN DEN BADESCHAUM
37	KNAPPE STUNDE AUFENTHALT
43	AM BETT VON MARSCHALL TITO
53	INVALIDENSTRASSE
61	ICH HATTE EINE FAHRT DURCH AFRIKA
75	„IST EIN ARZT IM ZUG?"
83	WIE ICH BEI DEN OJIBWE-INDIANERN HEISSE
97	DER KÖNIG VON STUROVO
107	JUST SAY: „HO-HO-HO-HO!"
121	„TEGEL ABFLUGHALLE, BITTE" – EIN NACHWORT

EINLEITUNG

Neben mir liegt ein Stapel mit Reisegeschichten, die in den letzten zehn Jahren entstanden sind. Reportagen, Prosastücke, manchmal nur eilig hingeschriebene Notizen in Kladden, denen man ihre Tage zwischen Kofferdeckeln ansieht. Besonders hoch ist der Stapel nicht. Für einen Reiseautor bin ich selten unterwegs. Drei Mal, vier Mal im Jahr, immer nur für einige Tage oder wenige Wochen. Daran will ich auch nichts ändern. Menschen, die zwei Drittel ihrer Zeit über die Kontinente stromern, erinnern mich an Zoobesucher, die von Käfig zu Käfig hetzen und am Ausgang kaum noch wissen, welche Tiere sie gesehen haben. Wenn ich den Zoo besuche, stelle ich mich am liebsten eine halbe Stunde vor das Erdmännchengehege oder das Becken mit den Manatis und esse Eis.

Abschied nehmen kann ich schon viel länger als Reisen. Das kommt von selbst, wenn man in einer von Meer und Elbe umzingelten Stadt wie Cuxhaven direkt hinter dem Deich geboren wurde und die gesamte Kindheit lang Schiffe vor dem Fenster hatte. Außerdem war mein Vater Monteur und acht, neun Monate im Jahr nicht zu Hause. Wir – meine Mutter, meine Schwester und ich – gewöhnten uns daran, ihn zu verabschieden, als würde er nur eben am Automaten Zigaretten holen. Anders wäre es selbst für gebürtige Cuxhavener zu viel Abschied gewesen. Dann war er in Jugoslawien. Oder in Saudi-Arabien. Oder sonst wo. Für mich war das egal. Auf dem Mars hätte er nicht weiter entfernt sein können. Ihm zu schreiben, ihn einfach anzurufen, kam mir nicht in den Sinn. Als ich meinen Vater zum ersten Mal im Ausland über eine dringende Familiensache informierte – er war in Kairo, ich in Berlin – lag mein 30. Geburtstag schon lange hinter mir.

Wenn er damals zurückkam, war er mit Geschenken beladen. Ich besaß Dinge, die für die anderen Jungs aus der Klasse unerreichbar waren. Dolche und kurze Krummsäbel. Ein Stierfell als Bettvorleger. Eine kleine Goldplakette, auf die eine Koransure geritzt war. Einen getrockneten Skorpion. Den Backenzahn eines wilden Keilers. Und ich hatte Geschichten, die mein Vater nach einiger Zeit zu erzählen begann. Er erzählte nicht besonders gut. Bruchstückhaft, episodisch, immer wieder unterbrochen durch sein eigenes lautes Gelächter. Gelang ihm eine Pointe, wiederholte er sie mindestens zwei Mal. Trotzdem: Wenn die Jungs aus der Klasse kamen, um sich mein Gold und meinen Skorpion anzuschauen, erzählte ich die Geschichten weiter. Jedes Mal begann ich mit der pflichtschuldigen Einleitung: „Mein Vater hat gesagt, dass…", aber dann setzte ich die Anekdoten neu zusammen. Machte ihn zum Helden von unerhörten Abenteuern und mich zu seinem Chronisten. Manchmal lachte man mich aus, und einmal bekam ich sogar die Nase blutig geschlagen. Aber ich hatte den Backenzahn. Ich wusste, wie man im Hinterland des Jemen aus Apfelsaft und Zucker heimlich Schnaps brennt. Ein Publikum fand sich immer.

Eigene Reisen – ob als Kind mit den Eltern, ob als Schüler mit der Abiturklasse – haben mich eher gestört. Und niemals hätte ich mich auf eine solche Strapaze wie eine Interrailtour eingelassen! Ich lungere so gerne herum und gucke Löcher in die Luft. Beides geht unterwegs fast nie. Anständige Badewannen sind auch selten zu finden in Hotelzimmern, die nichts kosten dürfen. Dennoch wurde ich vielleicht kein begeisterter, aber ein hartnäckiger Reisender. Eigentlich mochte ich die permanent schlechte Laune, die mich unterwegs ergriff. Irgendetwas stellte das Reisen mit mir an. Es ließ mich renitenter, mutiger werden. Auf Klassenfahrt in Griechenland lief ich lieber 15 Kilometer durch den Regen, als mit einem bereit gestellten Bus zu fahren. Nur um die Lehrer zu ärgern. In Rom warf ich einem jungen Mafioso während eines Streits so lange Luftküsschen zu, bis der entnervt seine Pistole aus dem Halfter reißen wollte, und ein Kumpan ihn mit Gewalt fort zog. Warum diese Fahrt für mich trotzdem im Krankenhaus endete, erzähle ich weiter hinten. Obwohl ich also stets am Ende der Reisegruppe schlurfte, war ich meist derjenige mit den interessantesten Geschichten. Ich brauchte nicht einmal zu lügen.

Außerdem entdeckte ich ein seltsames Phänomen: Je mehr mich ein Tag auf Reisen anstrengte, überforderte, ängstigte und manchmal schlicht langweilte, desto aufregender erschien er mir in der Rückschau. Wenn andere – zum Beispiel bei einem Diaabend – das Bild eines Bahnhofs sahen und murrten: „Mann, da haben wir den ganzen Nachmittag rumgesessen!", dann fiel mir schlagartig ein, wo der defekte Süßigkeitenautomat gestanden hatte. Wie der Bahnhofsansager genäselt hatte. Warum man dort besser nicht auf die Toilette gehen sollte. Es war erstaunlich. Dass ich mich seitdem über Stress und Langeweile auf Reisen freue, wäre übertrieben gesagt. Aber noch in der blödesten Situation flattert eine Ahnung durch meinen Schädel: „Reg dich nicht zu sehr auf. Die Zeit wird aus diesem Desaster hier eine lustige Anekdote machen."

Als Student – mittlerweile stand ich ab und zu mit eigenen Texten auf Kleinkunstbühnen oder veröffentlichte sie bei Verlagen, die man nur unter dem Mikroskop erkennen konnte – verstärkte sich dieses Phänomen noch. Anfang der Neunziger zum Beispiel war ich mit zwei Freunden durch England und Irland unterwegs. In London quartierten wir uns für drei Tage in der Wohnung eines Bekannten ein. Die beiden anderen waren pausenlos unterwegs, um wichtige Sehenswürdigkeiten zu bestaunen: Big Ben, Towerbridge, Westminster Abbey und so weiter. Eigentlich wollten wir zu dritt gehen. Aber unglücklicherweise war das Zimmer, in dem ich übernachtete, voll gestopft mit Manga-Comics und japanischem Spielzeug. So wurde London in der Erinnerung der beiden anderen zu einer aufregenden Stadt, in der sie von weitem Maggie Thatcher gesehen hatten. Für mich dagegen ist London ein Plastikei, das sich nach dem Aufziehen um sich selbst dreht, nach einiger Zeit aufplatzt und einen summenden grünen Gummiwurm freigibt.

Die eine Sichtweise ist nicht besser als die andere. Wenn mich allerdings jemand fragt, warum ich für so eine Zeitverschwendung stundenlang fliege, weiß ich keine plausible Antwort. Außer, dass ich mich zu Hause nie auf dem Boden liegend und hysterisch kichernd mit einem Plastikei beschäftigt hätte.

Meine regelmäßige Arbeit als Reisejournalist begann im Frühjahr 1999 mit einem Zufall. Schon vorher hatte ich über einige Länder geschrieben, aber niemals daran gedacht, das zum ernsthaften Gelderwerb zu machen. Ich schlug mich als freier Autor für diverse deutsche und schweizer Zeitungen durch. Außerdem gab es zwei dünne Büchlein mit meinem Namen vorne drauf; manchmal las ich in einem Café bei mir um die Ecke daraus vor. Eine dieser Lesungen war im März 1999. Der Abend lief gut, der kleine Saal war gut gefüllt. Wie immer stopfte ich mir das bisschen Gage bar in die Tasche und ging gut gelaunt nach Hause.

Einige Tage später klingelte das Telefon. „Hier ist Edgar. Edgar Rodtmann", sagte ein mir völlig unbekannter Mann mit fröhlicher Stimme. „Ich bin Fotograf. Hast du Lust, mit mir als Reporter nach Tel Aviv zu fliegen?" In den nächsten Minuten klärte er mich auf, wie es zu diesem überraschenden Angebot kam. Als Freund eines Kollegen meiner Freundin war er auf die Lesung geschleppt worden. Kurz zuvor hatte er mit einem anderen alten Kollegen von mir eine Reisereportage nach Tel Aviv für die Zeitschrift „abenteuer und reisen" vereinbart. Doch dann musste dieser Kollege zwei Tage nach meiner Lesung absagen. Edgar war verständlicherweise sauer. „Dann sag mir wenigstens ein paar Leute, die ich sonst fragen kann." Der Kollege nannte unter anderem meinen Namen. Da Edgar die Lesung gefallen hatte, begann er mit der Autorensuche bei mir.

„Ach ja, natürlich erinnere ich mich an dich!", log ich Edgar am Telefon an. „Du warst doch dieser Kleine mit den dunklen Haaren." – „Richtig", grinste Edgar in die Leitung. „Und du bist der Langhaarige, der diese wallenden weißen Gewänder trägt." Da ich mir aus Haarmangel den Kopf rasiere und damals gern in Motorrad-Lederjacke auftrat, ahnte ich, dass ich daneben getippt hatte. Tatsächlich ist Edgar ein rothaariger, dünner Riese von knapp zwei Metern.

Zwei Wochen später landeten wir in Israel, und in den drei Jahren danach machten wir noch etliche weitere Reisen zusammen.

An meiner schlechten Laune unterwegs hat sich bis heute wenig geändert. Die ersten zwei Tage bin ich kaum zu ertragen. Wegen der Kälte, wegen der Hitze, wegen der Hetze oder der Langeweile, weil es kein anständiges Brot gibt oder ich die Ansagen am Bahnhof nicht verstehe. Nachts im Hotel rechne ich mir manchmal auf Zettelchen aus, wie viele Stunden es noch bis zur Landung zu Hause sind. Wenn ich mit jemand anderem unterwegs bin, gehe ich grundsätzlich einen halben Schritt hinter meiner Begleitung. Das Reden überlasse ich wenn möglich den anderen. Noch immer sitze ich am liebsten an Straßenkreuzungen oder in Restaurantecken herum und fülle mein Notizbuch mit Nebensächlichkeiten. Manchmal male ich auch nur Strichmännchen hinein, damit die anderen denken, ich arbeite. Wahrscheinlich gibt es angenehmere Reisepartner als mich.

Trotzdem: Wenn mir eine Redaktion ein Angebot macht, sage ich meistens zu. Und wenn ich im Fernsehen oder in Magazinen auf Orte stoße, die ich selbst gern einmal sehen würde, setze ich mich ziemlich flott an die Recherche. Denn meine Reisen stellen immer Fragen an mich.

Warum hockt sich ein vorsichtiger Mensch wie ich in einen Wald voller Bären und Wölfe, in der Hand ein Gewehr, mit dem er nicht schießen kann? Was suche ich in Boxcamps, von denen ich vorher weiß, dass etliche Berufsverbrecher unter den Trainierenden sind? Warum esse ich immer wieder Antilopensteak und Schafshirn, gekochte Rindersehnen und Quallensalat? Warum steige ich in Wasserflugzeuge von den Ausmaßen eines Kleinwagens, wenn ich mir doch, wann immer ich in einem startenden Flugzeug sitze, die Lippen blutig beiße? Und warum zur Hölle schaue ich sehnsuchtsvoll jedem Kondensstreifen am Himmel nach, wenn ich acht Wochen nicht geflogen bin?

Ich glaube: Ich reise, um mir zu zeigen, dass ich nicht so bin, wie ich denke, dass ich bin.

Bevor die Geschichten beginnen: Ein paar Danksagungen. Zuerst an die Fotografen, die mit mir fuhren: Peter von Felbert, Thomas Linkel, Lars Nickel und Edgar Rodtmann. An die Redakteurinnen und Redakteure in Deutschland und der Schweiz, die meine Geschichten aus der engen Welt drucken ließen. Nina Freudiger, Heike Runge, Stephan Ramming, die wechselnden Kollegen der WoZ. Und allen voran Peter Pfänder von „abenteuer und reisen", der mich immer an der langen Leine hält und schon zweimal nach einem Streit zurückholte. Und natürlich auch an alle, die auf den nächsten Seiten auftauchen. Obwohl sie vielleicht nie davon erfahren werden.

SCHWARZ-ROT-NIDDENER BLAU
Kurische Nehrung/Litauen (1997)

Die Stiefel stehen im Sand, einen halben Meter von mir entfernt. Einen Meter weiter vorn endet die Ostsee. Meine Freundin ist hinter mir am Rand des Kiefernwaldes stehen geblieben, damit ich ein bisschen allein sein kann. Dabei wäre diese Reise ohne sie gar nicht denkbar.

Anderthalb Jahre zuvor, zwischen Weihnachten und Silvester, hatte ich sie angerufen. Damals war sie noch gar nicht meine Freundin und lebte in einem anderen Land. So abgeschmackt es klingt: Ich lag mit einer Wodkaflasche in der Hand auf meiner Matratze und war seit Monaten praktisch pausenlos betrunken gewesen. Eigentlich wollte ich wohl sagen: „Holt mich hier raus! Du! Irgendwer!" Stattdessen redete ich davon, wie lange ich nicht mehr in Urlaub gewesen sei. Dass die Kurische Nehrung so schön sein soll. Ob sie nicht mitkommen wolle? Keine Ahnung, wie zum Teufel ich ausgerechnet auf die Kurische Nehrung kam. Drei Tage später brachten mich Freunde für lange Zeit ins Krankenhaus.

Mittlerweile hatte ich die Wodkaflasche gegen eine Anstecknadel an der Brust getauscht, auf der „NA" stand – die Abkürzung für „Narcotics Anonymous". Das Ende der Therapie im Krankenhaus lag ein paar Monate zurück. Meine Freundin lebte nicht mehr in einem anderen Land, sondern in unserer gemeinsamen Berliner Wohnung. Sie hatte sich an das Telefonat erinnert und für einen Reportage-Auftrag gesorgt, der genug Honorar einbrachte, damit sie mich einladen konnte. Nun stehen meine Stiefel im Sand.

Aus dem Kiefernwald kommt eine Gruppe Rentner. Sie tragen leichte Hosen und Freizeithemden, ihrer braunen Haut und den rüstigen Körpern sieht man die regelmäßigen Wanderurlaube an. Während sie ihre Badetücher ausbreiten, merke ich, dass sie alle deutsch sprechen. Meine Freundin macht ein Zeichen mit dem Kopf. Es ist Zeit zu gehen. Der Nachmittag wird nicht ewig dauern, und wir haben noch keine Unterkunft.

Die Kurische Nehrung ist eine 90 Kilometer lange Landzunge, die von Kaliningrad aus ins Meer ragt und die Ostsee vom Kurischen Haff trennt. Ein Drittel der Nehrung gehört heute zu Russland, zwei Drittel gehören zu Litauen, quer über sie hinweg führt die Grenze. Wir befinden uns auf der litauischen Seite. Während des dritten Reichs war die Nehrung ein paar Jahre lang deutsch besetzt, bis ganz Litauen 1940 in die Sowjetunion eingegliedert wurde. Wie in anderen okkupierten Gebieten gaben die Nazis auch den Orten auf der Nehrung deutsch klingende Namen. Nida zum Beispiel, ein kleiner Touristenort auf der dem litauischen Festland zugewandten Seite der Halbinsel – wo wir schließlich Unterkunft finden – hörte auf den Namen Nidden.

„Nun, junger Mann, was hat Sie denn hierher geführt?" fragt mich ein Mittsiebziger am nächsten Morgen über die Frühstückstische der Pension „Rasyte" hinweg. Mit dem Brötchen in der Hand schaue ich ihn erstaunt an. Zwar gehöre ich nicht zu den Deutschen, denen ihre Herkunft so peinlich ist, dass sie sich im Ausland als Österreicher ausgeben oder prinzipiell nur englisch sprechen. Aber da ich allein, ohne Gesprächspartner oder deutsche Zeitung am Tisch sitze, scheint der Mann meine Herkunft einfach vorauszusetzen. Ich ahne, dass ich mir jetzt etwas werde anhören müssen, was ich mir gerne erspart hätte.

Nach drei Minuten freundlichen Verhörs weiß der Herr am Nebentisch mein Alter und meinen Beruf. „Herrjeh, Journalist! Und so ein junger Kerl noch", lacht er. „Da werde ich Ihnen besser mal ein bisschen was erzählen, damit Sie zu Hause keinen Mist schreiben."

Dann erzählt er. Pausenlos, erbarmungslos, unbeirrbar. Aber leider gar nicht dumpf und bierdunstig. Der Mann gibt seine Geschichte offensichtlich nicht zum ersten Mal zum Besten. Aus Insterburg stammt er, aber seinen Urlaub macht er lieber hier in Litauen, denn „die Russen haben ja alles so runterkommen lassen. Schreiben Sie ruhig mal, dass hier früher die Kornkammer des Deutschen Reichs war." Er ist schon zum sechsten Mal hier, zuerst noch illegal, aber „seitdem ich fünf Jahre in Kriegsgefangenschaft war und zweimal vor dem Erschießungskommando gestanden habe, macht mir nichts mehr Angst." Und: „Für mich wird das hier immer ein Stück Deutschland bleiben."

Je länger er erzählt, desto häufiger merke ich, dass ich ihm zunicke. Der Mann argumentiert zurückgelehnt aus der Position des Lebenserfahrenen, lässt Brosamen fallen für einen jungen Hüpfer wie mich, der alles nur aus Büchern kennt. Mir wird immer unwohler, vor allem, weil mir ums Verrecken nicht einfällt, wie ich seine selbstsicheren Geschichtslektionen unterbrechen soll.

Irgendwann werde ich sauer. „Man kann doch aber die deutsche Geschichte nicht außer Acht lassen", werfe ich lahm ein. Da lächelt er nur. „Ach, Sie meinen die Sache mit Hitler...?" Der Mann will nicht seinen Führer wiederhaben. Und auch nicht seinen Kaiser Wilhelm. Falls er es doch will, ist er jedenfalls zu abgeklärt, das einem Autor unter die Nase zu reiben. Jedenfalls bin ich heilfroh, als er sich mit einem Anliegen an die Zimmerwirtin wendet, und ich nach draußen entkommen kann.

Für mich waren Vertriebene bislang ein Haufen Spinner im Fernsehen, die sich einmal jährlich auf ihren Treffen mit absurden Forderungen blamierten und im Gegenzug von konservativen Politikern mit ein paar leeren Versprechungen abgespeist wurden. Oder bestenfalls noch das Greisenpaar, das neben meiner Großmutter wohnte und mir immer Geschichten aus Ostpreußen erzählte, bis es mich endlich mit einer Tafel Schokolade abfand.

Aber die, die ich hier in Litauen treffe, sind anders. Sie tragen keine Trachtenjacken und schimpfen nicht über vaterlandsverräterische Politiker. Rüstige Rentner sind es, die bei Kriegsende Kinder oder Pimpfe waren. Keinen einzigen sieht man in unwürdigen Shorts herumlaufen, öffentlich Bier saufen oder „Oh, du schöner Westerwald" grölen. Würden dunkle Mächte einen nach Mallorca verschlagen, wäre man vermutlich heilfroh, derart dezente Mitreisende zu finden. Doch ihren Revanchismus, den wollen sie sich nicht austreiben lassen. Sie bezahlen gut, und dafür soll alles so sein, wie es früher war.

„Drei Briefmarken, nach Deutschland!" Beim Zigarettenkauf am Kiosk habe ich schon wieder eine Begegnung, die ich lieber nicht hätte. Ein rheinisches Ehepaar ist völlig konsterniert, dass die vielleicht 30jährige litauische Verkäuferin kein Deutsch versteht. „Nach Deutsch-land!" brüllt der Mann erneut und doppelt so laut, als ob das das Verständnis verbesserte. Dann ziehen die beiden beleidigt ein paar Meter weiter zur Bushaltestelle und ordern zwei Fahrscheine nach Schwarzort. Der Busfahrer ist besser vorbereitet und reicht schweigend die Tickets. Obwohl Schwarzort auch schon seit über fünf Jahrzehnten wieder Juodkrante heißt. Beim Einsteigen fällt der Blick der Frau auf meine Brust. Auf den „NA"-Sticker. Sie nickt mir verschwörerisch zu. Einen Augenblick überlegte ich, ob ich ihr nachrufen soll, dass das mitnichten „Nationale Alternative" oder sonstigen Scheißdreck bedeutet. Doch dann fährt der Bus ab, und ich stehe heute zum zweiten Mal mit Wut im Bauch da.

Gegen Abend besuche ich das Thomas-Mann-Haus. Nida hat eine lange Tradition als Künstlerkolonie. 1898 ließ sich der Maler Oskar Moll hier nieder, später folgten Max Pechstein, Karl Schmidt-Rottluff, andere „Brücke"-Künstler und der Komponist Engelbert Humperdinck. Mann entdeckte die Nehrung 1930 und ließ sich für die nächsten beiden Jahre eine Sommerfrische direkt am Meer bauen, ein schmuckes zweistöckiges Gebäude im Stil der Fischerkaten mit Fensterläden in strahlendem Aquamarin, das hier „Niddener Blau" heißt. Die Aussicht aus seinem Arbeitszimmer nannte er „meinen italienischen Blick". Inspiriert davon schrieb er hier „Joseph und seine Brüder". Was immer man von diesem furchtbar langen Roman halten mag, besser als die Einträge, die die unvermeidlichen Vertriebenen im Gästebuch hinterlassen haben, ist er allemal. „Schön, wieder in der Heimat zu sein!" steht dort. Oder schlicht: „Deutsche Heimat!" Als ich dann noch die Einträge eines Heimatvereins aus Esslingen lese, reicht es mir.

Ich bekomme einen jähen Anfall politischer Korrektheit. „Freut mich, dass gerade so viele ältere Menschen das Haus des homosexuellen Exilanten Thomas Mann besuchen", schreibe ich ins Buch. Kaum habe ich das Haus verlassen, beginnt in mir die Frage zu nagen, die ich allerdings erst abends in der Pension ausspreche.

„War das eigentlich peinlich, was ich geschrieben habe?" frage ich meine Freundin. „Nein", sagt sie. „Die haben es nicht besser verdient."

Nickend nehme ich meine Stiefel und gehe noch ein bisschen nach draußen. Auf dieser Seite der Nehrung begrenzt das Kurische Haff den Strand. Ich schaue auf das dunkle Wasser und werde schon wieder sauer. Aber dann fällt mir auf, dass es vielleicht auch an der Zeit ist, sich endlich über etwas anderes zu ärgern als die vielen leeren Wodkaflaschen der Vergangenheit.

KLEINE MEXIKANISCHE GESCHICHTEN
Sierra Madre Occidental/Mexiko (2003)

Die Sonne prügelt auf die weiß gekalkten Mauern einer kleinen Kirche. Neben ihr dörren ein paar Gräber. Holzkreuze mit ausgeblichenen Lettern ducken sich in den Schatten verwitterter Grabsteine. Auf manchen schmelzen Kerzen. Die Tür der Kirche steht offen. Grobe Holzbohlen sind zu sehen. Der Rest verliert sich im Dunkel. Wenn dort drinnen plötzlich geschossen würde, wenn ein Sheriff eine blutüberströmte Braut aus der Tür trüge – wundern würde es mich nicht. Es ist Mittag in der Sierra Madre Occidental, hoch im Norden von Mexiko.

Ein Flachländer wie ich muss in 2400 Metern Höhe gehörig mit der dünnen Luft kämpfen. Außerdem hat der Jetlag mich einen Tag nach der Ankunft noch in seinen plumpen weichen Händen.

Von der Friedhofmauer toben zwei schmutzige Wesen auf mich zu. Ein Junge, vielleicht neun Jahre alt, und seine kleine Schwester. Indianerkinder. Tarahumara, nehme ich an. Denn die herrschten viele Jahrhunderte lang über die gesamte Sierra. Hatte ich jedenfalls im Reiseführer gelesen. Bis die europäischen Eroberer kamen, ihre Kirchen bauten und die Tarahumara aus den fruchtbaren Tälern in Reservate auf karge Hochplateaus wie dieses vertrieben.

„Un Peso! Un Peso, Mister!", bettelt der Junge und zieht mir am Ärmel. Ich schüttle stumm den Kopf und starre geradeaus auf die Kirchentür. In mir rumpelt dasselbe schlechte Gewissen wie überall auf der Welt, wenn ich einem armen Kind kein Geld gebe. Die Alternative wäre, Geld zu geben und bald von einem Dutzend kleiner Bettler umstellt zu sein, die todsicher aus umliegenden Schatten auftauchen würden. Doch dieser Junge lässt sich nicht durch demonstratives Weggucken abwimmeln. Er zieht weiter. „Come, Mister! Come!" Überall auf der Ebene liegen große Felsbrocken, vom Wetter geformt. Kopfgroß, mannsgroß, hausgroß. Einige sehen aus wie Pilze. Andere wie Schildkröten. Oder plumpe Frösche. „Mi Madre, Mister!" Der Junge zeigt auf eine Gestalt, die im Schatten der größten Schildkröte lagert.

Je weiter wir durch den Staub auf sie zu schlurfen, desto seltsamer wird das, was ich sehe. Eine Indianerin mit rissigem Gesicht, in ein dunkles, schmutziges Kleid gewickelt, kauert mitten in dieser menschenleeren Ebene. Um sich herum hat sie auf Tücher billiges Kunsthandwerk gelegt. Püppchen aus Wolle. Gewebte Freundschaftsbändchen. Schlichte, geschnitzte Kruzifixe. Als ich am Rande des Schattens ankomme, lässt der Junge meinen Ärmel los. Seine Mutter nickt mir ernst zu.

Jetzt wird mir mulmig. Diese Frau, Nachfahrin der großen Tarahumarahäuptlinge – keine Ahnung, wie die hießen und was die gemacht haben; das stand nicht in meinem Reiseführer – ist scheinbar wahnsinnig geworden. Hat einen Laden mitten im Nichts eröffnet. In diesem Haufen Stein und Sand, ohne Aussicht auf Kunden. Hastig wähle ich ein Püppchen aus und verzichte aufs Wechselgeld.

Als ich mich umdrehe, bremst direkt vor mir ein Reisebus. Den habe ich vor lauter Mulmigkeit gar nicht kommen hören. Dreißig, vierzig amerikanische Rentner steigen aus. Plötzlich wird es eng zwischen den Tüchern. Die Frau ist aufgesprungen. Hüpft von Kunde zu Kunde. Feilscht hier, schimpft dort, lacht woanders und kommt kaum nach mit dem Kassieren. Als einer der Amerikaner ihre Kinder fotografieren will, drückt sie seine Kamera nach unten. „Photo twenty Pesos!"

Nach wenigen Minuten treibt der Fahrer die Touristen wieder in den Bus. Lässig winkt er der Indianerin zu. „Okay. I'm back with the next around three. Comprende?"

Der Bus staubt mich voll, als er an mir vorbeifährt. Ich fühle mich betrogen.

Rodrigo und ich lehnen an seinem Van. Ein paar Meter weiter rechts stehen auf felsigem Boden die Hütten, in denen wir heute Nacht geschlafen haben. Ein paar Meter weiter links fallen die Felsen steil zu einem kleinen Canyon ab. Wegen dieser Aussicht ist es ziemlich teuer, in den Hütten zu schlafen. Wir warten auf ein paar andere, die mitkommen sollen auf die Tour zu den Sehenswürdigkeiten. Rund um Creel. Das Bergstädtchen liegt wenige Kilometer von der weiß gekalkten Kirche entfernt. Montezumas Rache wütet in meinem Bauch. Er rächt sich, weil ich Trottel gestern hausgemachte Limonade mit Eis getrunken habe. Alle zwei Minuten spanne ich die Schenkel aufs Äußerste an, um mir nicht in die Hose zu scheißen.

Rodrigo schweigt auch. Seit zwei Tagen ist er der Führer unserer Gruppe. Er kann sich meinen Namen nicht merken. Fünf Mal am Tag fragt er unter immer neuen Vorwänden mich oder die anderen danach. Aber wenn er bei der nächsten Gelegenheit in seinem Hirn danach kramt, findet er nur „Tuk". Oder „Kluk". Er weiß, dass das falsch ist. Um mich nicht zu beleidigen, spricht er mich so selten wie möglich an.

Ich quetsche die Oberschenkel zusammen und starre geradeaus. Direkt an der Felskante steht eine Art Volière aus starkem Draht. Allerdings sind keine Vögel darin. Sondern drei ausgewachsene Tiger. Der Drahtverschlag ist in zwei Käfige geteilt. Im rechten Teil geht einer der Tiger unablässig auf und ab. Der zweite liegt bewegungslos daneben und schnaubt von Zeit zu Zeit. Im linken Teil lagert das dritte Tier auf seinen Vorderpfoten. Ihm fehlt ein Stück vom linken Ohr, und er würdigt die beiden anderen keines Blickes. Aber wenn der auf und ab laufende Tiger mit der Schwanzspitze seinen Teil des Käfigs berührt, wirft der dritte Tiger ruckartig den Kopf herum und faucht. Wahrscheinlich musste man den Käfig teilen, weil die Tiere sich nicht vertrugen.

Auf einem Stein vor dem dritten Tiger, nur einen Meter vor ihm und nicht viel größer als eine der beiden Pranken, liegt eine schwarze Katze und sonnt sich. Sie ist so klein, dass sie durch den weitmaschigen Draht schlüpfen kann. In ihre Richtung faucht der Tiger nie. Er und die Katze scheinen sich einfach zu ignorieren.

Vor lauter Anstrengung entfährt meiner Nase ein verkrampfter Laut. Da Rodrigo mich besorgt anschaut, sage ich: „Rodrigo, wo kommen die Tiger her?"

Rodrigo wird missmutig. Ich habe seinen Namen gesagt, also muss er auch meinen Namen sagen. „Die sind aus einem Zirkus gerettet, Tuk."

Ich schaue fragend, und Rodrigos Miene entspannt sich.

„Ich erzähle dir eine wahre Geschichte, Knuk. Vor ein paar Jahren ist ein Zirkus nach Creel gekommen. Klein, aber er hatte Tiger bei sich. Vier Tiger in einem Wagen, hab ich selbst gesehen. Aus der ganzen Gegend liefen die Leute zusammen, um sich das anzuschauen. Dabei war auch der kleine Sohn von einem Mann, der hier im Hotel arbeitet.

Der Junge hat sich vor den Käfig gestellt und mit großen Augen die Tiger angestarrt. Stundenlang. So lange, bis der Wärter gar nicht mehr auf ihn achtete. Da ist der Junge plötzlich an die Gitterstäbe gerannt und wollte einen der Tiger streicheln. Aber die Tiger waren böse, weil sie zu viert in einem Käfig sein mussten. Also hat der, den der Junge streicheln wollte, mit seiner Pranke ausgeholt und den Kleinen im Gesicht getroffen. Gott sei Dank sind die Krallen an den Augen vorbei gegangen und haben auch nicht die Nase abgerissen. Aber man hat schon gesehen, dass da schlimme Narben zurückbleiben werden.

Der Junge ist nach Hause gerannt. Eine Stunde später war sein Vater da. Mit einem Gewehr in der Hand ging er zum Käfig und hat sofort geschossen. Bis ihn die Männer vom Zirkus zu Boden reißen konnten, ist schon ein Tiger tot gewesen. Einem anderen fehlte ein Stück vom Ohr. Noch im Liegen hat der Mann zum Zirkusdirektor gesagt: ‚Ich hole mir ein neues Gewehr. Dann erschieße ich deine anderen Tiger!' Der Direktor hat dem Mann in die Augen geschaut. Darin stand, dass er es tun wird. Also ließ er seine Leute sofort das Zelt abbauen, um weiter zu ziehen.

Doch bevor sie fahren konnten, kam der Hotelbesitzer zum Zirkusdirektor. ‚Einer von meinen Leuten hat deinen Tiger getötet', sagte der Hotelbesitzer. ‚Verkauf mir die anderen, dann sind sie gerettet. Ich such sowieso was Besonderes für meine Gäste.' Der Zirkusdirektor hat den Kopf geschüttelt. ‚Die Tiger sind meine Attraktion. Und außerdem: Wenn ich sie hier lasse, kann dein Mann sie jederzeit umbringen. Also fahren wir sofort weg.'

Jetzt hat der Hotelbesitzer den Kopf geschüttelt. ‚Wenn du fährst, wird er dir hinterher reisen und deine Tiger töten. Verkaufst du sie mir, dann hilft er, sie zu beschützen. Hier oben in den Bergen gibt es nicht viel Arbeit. Mit dem Geld von mir kann er gut seine Familie ernähren. Ich muss ihm also nur sagen, dass er entlassen ist, wenn den Tigern etwas passiert.'

Der Zirkusdirektor hat dem Hotelbesitzer in die Augen geschaut. Eine Stunde später war er auf der Landstraße. Mit einer Menge Geld in der Tasche. Aber ohne Tiger. Am nächsten Tag begann der Vater des Jungen, diesen Käfig da zu bauen."

Rodrigo nickt. Die Geschichte ist zu Ende. Doch ich habe noch eine Frage. „Was ist mit der Katze? Ist sie die Freundin vom Tiger?"

Er lächelt. „Die Katze sitzt dort jeden Tag. Aber der Tiger schaut sie nie an. Ich glaube, er schämt sich vor ihr. Weil sie auf jeder Seite des Gitters sein kann, ohne dass jemand Angst hat."

Vor meinem Fenster schwirren zwei Kolibris um einen blühenden Strauch. Draußen wird es bereits hell, aber die Sonne ist noch nicht aufgegangen. Prüfend drücke ich gegen meinen Bauch, als ich mich im Bett aufsetze. Montezuma hat seine Sabotageakte eingestellt. Das habe ich gestern Abend schon gespürt. Doch da beschlossen die anderen beim Abendessen, früh aufzubrechen, um schon vor Sonnenaufgang einen Gipfel neben dem Hotel bestiegen zu haben. Sätze, in denen die Formulierungen „vor Sonnenaufgang" und „Gipfel besteigen" aufeinanderprallen, machen mir grundsätzlich schlechte Laune. Also täuschte ich einen kleinen Magenkrampf vor, schob meinen Teller beiseite und verabschiedete mich unter Mitleidsbekundungen der anderen auf mein Zimmer. Als die anderen im Bett waren, versorgte ich mich beim Nachtportier mit einer Tüte Chips und zwei Schokoriegeln.

Ich setze mich auf den Balkonstuhl. Mein Zimmer ist im ersten Stock, darunter befindet sich zu ebener Erde eine weitere Reihe Zimmer. Davor stehen einige Büsche. Und davor ist ein Abhang. Lotrecht. 1200 Meter tief. Wer hier aus dem Fenster springt, hat reichlich Zeit, sein Leben noch einmal an sich vorbeiziehen zu lassen. Das Hotel steht nämlich direkt an der Kante des „Barranca del Cobre", des Kupfercanyons.

Der Blick auf den Canyon ist das Gewaltigste, was ich jemals gesehen habe. Kein Ozean und kein Gebirge, erst recht kein 3-D-Kino und keine Computeranimation haben mich so beeindrucken können. In dem Tal vor meinem Balkon treffen drei Canyons aufeinander. Der größte von ihnen ist knapp zwei Kilometer tief. Das Areal ist viermal so groß wie der Grand Canyon in Nevada. Und viel schöner dazu, denn in die schroffen Abhänge klammern sich hier von oben bis unten Bäume und Sträucher. Ein seltsames Gefühl erfasst mich. Es kommt mir bekannt vor, also versuche ich mich zu erinnern, wie es heißt. Wo ich es schon einmal gespürt habe.

Links unter mir öffnet sich eine Balkontür. Ich höre Schritte. „Good Morning!" grüßt eine Frauenstimme. „Morning", antwortet ein alter Mann, der direkt im Zimmer unter meinem wohnen muss. Und scheinbar schon länger auf dem Balkon sitzt. Sehen kann ich beide nicht.

„It is beautiful!" sagt die Frau. Der Mann seufzt. „1976 war ich zum ersten Mal hier", erzählt er. „Da gab es das Hotel noch gar nicht. Man hat sich von den Indianern eine Decke gemietet und auf all das hier geschaut."

In diesem Moment wird der obere Rand der Sonne über den Gipfeln sichtbar. Der Mann räuspert sich. „Ist das nicht komisch? Die Sonne geht seit Millionen von Jahren jeden Tag auf. Und ich bin auch schon seit 1934 dabei. Aber ich schaue es mir immer wieder gern an."

Dann schweigen die beiden. Und mir fällt plötzlich ein, wo ich dieses Gefühl schon einmal hatte. In großen Kirchen, in Kathedralen. Mein Zustand heißt Andacht.

ALLEIN GEGEN DEN BADESCHAUM
Dubai/Vereinigte Arabische Emirate (2001)

Edgar drückt mir den Kopf unter Wasser. Meine linke Faust streift seinen Brustkorb. Ich will gar nicht richtig treffen. Das Salzwasser, das ich gerade aushuste, schmeckt großartig. Es kommt aus dem Golf von Oman, einem Ausläufer des Indischen Ozeans. Am Ufer, hundert Meter von uns entfernt, liegt der Badeort Khor Fakkan. Liegt Fujairah, eines der sieben Vereinigten Arabischen Emirate.

Wir waten an den Strand und lassen uns in den Sand fallen. Lachen laut und grundlos, und trocknen uns mit unseren T-Shirts ab. Neben uns sitzen verschleierte Frauen, die auf die Badesachen ihrer Männer und Kinder aufpassen. Einige lachen mit. Am lautesten gackert eine Strenggläubige, die nicht nur Körper und Haare unter schwarzen Gewändern verborgen hat, sondern quer über ihr Gesicht auch noch einen mehrere Zentimeter breiten Messingring trägt. Sie zeigt mit dem Finger auf uns. So weiße Beine hat sie vermutlich noch nie in ihrem ganzen Leben gesehen. Als wir sie fotografieren wollen, winkt sie aber sehr entschieden ab, und ihr Mann, der mit den zwei kleinen Töchtern im Wasser gespielt hat, kommt sofort mit bösem Gesicht auf uns zu.

Neben den Badetüchern der meisten Frauen stehen auffallend gepflegte Schuhe und Handtaschen. Da ihre Körper unter den knöchellangen schwarzen Abayahs stecken, sind das die beiden modischen Accessoires, mit denen sie renommieren können. Sämtliche Nobelmarken der Welt haben hier in jeder Shopping-Mall eine Niederlassung. Scheinbar gibt es sogar verschieden protzige Ausführungen der Gesichtsringe.

In der Dämmerung fahren wir weiter. Am nächsten Tag werden wir in Dubai erwartet, mehrere hundert Kilometer Wüstenautobahn entfernt. An der Ausfallstraße aus Khor Fakkan reiht sich Basar an Basar. Dicht drängen sich die Stände aneinander. Haushaltsgeräte, Unterhosen, Ziegen, Stereoanlagen – hier gibt es alles. Einmal sehen wir hundert Meter weit nur Stände mit Thermoskannen. Viele der Teestuben und Garküchen am Straßenrand haben schon bessere Zeiten erlebt. Vor den Häusern sitzen alte Männer und rauchen. Vor lauter Begeisterung, alles so vorzufinden, wie ich es von Karl May gewohnt bin, kaufe ich einem Trödler sechs Mokkatassen ab.

Edgar fädelt auf die Autobahn ein. Und muss plötzlich bremsen. Acht Wildkamele schlendern in lang gezogener Formation über die Straße. „Röööööhp!" weist uns das letzte zurecht. Beim Bremsmanöver ist eine Mokkatasse auf den Boden des Wagens gefallen und zerbrochen. Ich halte die Scherben aneinander. Auf einer steht „Made in Hongkong".

„Was darf ich dir zuwerfen?" fragt Edgar. Hin gegossen auf ein drei Meter langes Polstersofa, fingert er an einem Obstkorb herum, den die Hoteldirektion zur Begrüßung auf dem Marmortisch platziert hat. Gleich daneben stehen eine mit Kunstleder bespannte Schachtel voll hausgemachter Pralinen und eine Flasche 1998er Merlot. „Eine Banane? Eine Kiwi? Oder eins von diesen stacheligen gelben Dingern mit den fettigen Blättern, die ich noch nie in meinem Leben gesehen habe?" Er bricht eine Frucht aus dem Blattwerk und lässt sie über den knöcheltiefen Flausch des Teppichs in meine Richtung rollen. Ich kicke sie beiseite.

Edgar und ich sind gerade reich. Das Tourismusministerium hat uns eine Nacht im Burj Al Arab spendiert, dem teuersten Hotel der Welt. Von der blausamtenen Ottomane in meinem Zimmer aus kann ich direkt auf das schimmernde Wasser des arabischen Golfs sehen, und die Bohrinsel am Horizont stört mich genauso wenig wie die Gruppe junger Damen, die direkt unter dem Zimmerfenster ihre Bikinis spazieren führen. Neben dem Pool hocken drei asiatische Gastarbeiter auf einer gepflegten Rasenfläche. Vor dem Betreten haben sie ihre Schuhe ausgezogen, und nun pflücken sie per Hand einige Styroporkügelchen zusammen, die den Gesamteindruck des Gartens aufs Übelste verunstalten. Hinter ihren Rücken stehen acht Fahnenmasten. An sieben flattern die Flaggen der sieben Arabischen Emirate. Und am achten das Logo der Visa-Card. An Karl May erinnert hier höchstens noch das Wetter.

„Essen möchte ich gar nichts. Aber könntest du bitte einen der Bademäntel anziehen, die Treppe vom Schlafzimmer herunterstolzieren und dabei wie der ältere David Niven aussehen?" Ein Hotelangestellter schwebt herein. „Good afternoon, Sir! My name is Rashid", sagt er mit einem Akzent, der ihn als Inder ausweist. Er drückt mir eine Fernbedienung in die Hand. „To handle the TV and the other functions of your room." Dann ist er wieder draußen. „Was für ‚other functions'?" frage ich Edgar. „Keine Ahnung", antwortet er.

Seitdem es im Jahr 1999 eröffnet wurde, gilt das Hotel Burj Al Arab als Symbol für Dubais Unermesslichkeit. Das luxuriöseste Hotel der Welt, für das eigens ein siebter Stern als Kategorie eingeführt wurde. 321 Meter hoch, erbaut auf einer künstlich angelegten Insel vor der Küste. Vor allem ist das Burj Al Arab eine Geldverbrennungsanlage. Dubai hat in den letzten Jahrzehnten schon viele davon eröffnen müssen.

Bis Mitte des letzten Jahrhunderts war die Stadt ein Kaff unter britischer Verwaltung. Wenige tausend Einwohner züchteten rund um den Dubai Creek Kamele. Tauchten nach Perlen. Trieben per Schiff Handel mit dem benachbarten Ausland. Noch im 19. Jahrhundert war die Piraterie ein ernst zu nehmender Erwerbszweig.

1958 stieß man auf Öl. Ein gewaltiges, leicht zu förderndes Becken direkt unter der Wüste. Das viertgrößte Vorkommen der Welt. Wenn man den Goldrausch am Klondike mit der Internethysterie der Jahrtausendwende multipliziert, weiß man noch immer nicht annähernd, was dieser Fund mit der Region anstellte. Die Kubikkilometer Öl wurden zu Milliarden von Dollars, die Jahr für Jahr ausgegeben sein wollten. Dubai explodierte. Wenige Jahrzehnte nach den Funden hat das Kaff am Dubai Creek 1,2 Millionen Einwohner, vier Fünftel davon sind Ausländer. Touristen, die einen Taxifahrer mit mühsam gelernten arabischen Floskeln ansprechen, werden verständnislos angeschaut. Der Mann am Steuer kommt aus Pakistan oder Nordafrika, und schon längst ist Englisch die inoffizielle Landessprache.

Das Geld ist zu Hochhäusern geworden. Zu Bohrinseln und Flughäfen. Zu Golfplätzen und Vergnügungsparks, in deren Wildwasserbahnen das Wasser aufwärts fließt. Zu Klimaanlagen, deretwegen man nach drei Tagen mitten in der Wüste erkältet ist. Vor allem aber zu Banken, die aus dem Geld noch mehr Geld machen. Heute produzieren sie so viel davon, dass Dubai schon morgen auf sein Öl verzichten könnte. Steuern sind weitgehend unbekannt, und einheimische Frauen über 40 haben Anrecht auf eine Art Rente.

Um die Kontrolle über das eigene Land zu behalten, beschloss das Königshaus, dass jeder Gastarbeiter einen einheimischen Sponsor haben muss. Jeder ausländische Geschäftsmann einen einheimischen Partner, der formal über die Anteilsmehrheit wacht, in Wirklichkeit aber seine Tage mit gut bezahltem Kaffeetrinken verbringt. Beim geringsten Vergehen werden Fremde ausgewiesen. Vertreter von über 120 Nationen finden sich im Stadtgebiet, dazu immer mehr Touristen. Die Regierung war klug genug, Ventile in die Stadt einzubauen. Sie schuf Orte, in denen die strengen islamischen Gesetze des Landes nicht gelten Also verfügt jedes Hotel über Clubs, in denen getrunken und gespielt werden darf. Sie fungieren als Schutzschilde, durch die Allahs strenger Blick nicht dringen soll.

Ab und zu kommen Frauen ohne Begleitung an die Bar. Sie halten sich so lange an ihrem Glas fest und werfen dezent suchende Blicke in den Raum, bis sich einer der Hotelgäste zu ihnen setzt und Verhandlungen aufnimmt. Oder selbst der gutwilligste Barkeeper sie als Prostituierte erkennen und reagieren muss. „Entschuldigen Sie, Madame, dieser Platz hier ist reserviert", lautet die Standardansprache, die der Frau einen Abgang ermöglicht, ohne das Gesicht zu verlieren. Traditionell gekleidete Mohammedaner, die am Tresen Bier bestellen, schmeißt niemand raus. Es sei denn, die besaufen sich derart, dass sie zu randalieren beginnen. Jeder der Geld ausgibt, ist in Dubai willkommen. Denn Einheimische, Gastarbeiter und Touristen sind vor allem mit einem beschäftigt: Den ganzen Tag zu möglichst hohen Preisen konsumieren, um den erbarmungslosen Geldstrom im Fluss zu halten.

Im Eingangsbereich des Burj Al Arab – gleich nachdem man den Brunnen vor der Tür passiert hat, der am Abend nicht nur Wasser, sondern auch Feuer spucken wird – verfängt man sich in einer riesigen Eingangshalle, in der die Muster von Samtsofas und Kacheln und Teppichen gnadenlos übereinander herfallen. Lila-gelbe Rechtecke prallen auf rosa-grüne Blumenmuster, Chromgeländer auf Schieferplatten.

Für europäische Augen wirkt arabischer Geschmack oft zu süßlich, zu floral, zu überladen. Vielleicht entwickelt man andere Sehnsüchte nach Farben und Ornamenten, wenn man seit Jahrhunderten in der Wüste lebt. Doch angesichts dieser Eingangshalle muss man nicht Kunstgeschichte studiert haben, um zu erkennen, dass die Vorstellungen des Hotelarchitekten – der natürlich kein Einheimischer war – unter den Abermillionen von Dollars, die er zur Verfügung hatte, einfach ersoffen sind. Egal, wohin man den Blick auch wendet – überall ist einfach das teuerste von allem aneinandergeklatscht worden. Rolltreppen führen in den ersten Stock. Zwischen ihnen ist auch hier wieder ein Brunnen, der regelmäßig Wasser speit. Wenn die 70 Meter hohe Fontäne nach wenigen Sekunden in sich zusammenfällt, landet kein Tropfen Wasser neben den Brunnenrand. Der Innenraum ist riesig. Wollte man das 39-stöckige Dubai World Trade Center an einem der wenigen arabischen Regentage vor Nässe schützen, könnte man es hier im Lichthof unterstellen. Ohne die Antennen einziehen zu müssen.

Die Brüstungen vor den einzelnen Zimmern schrauben sich über 200 Meter hoch, ohne Zäune oder Sicherheitsgläser. Dass dieses Hotel noch nicht zum Geheimtipp für Selbstmörder wurde, die einen letzten Tag im Luxus verbringen wollen, um sich dann mit einem beherzten Sprung vor der Rechnung zu drücken, ist erstaunlich.

„Alles was nach Gold aussieht, ist Gold", hatte Nadine, die deutsch-tunesische Pressefrau mit einer lässigen Kinnbewegung in Richtung einiger Säulen gemurmelt, während sie uns zwei Kofferträger herbeiwinkte. Alles Gold also. Außer den schweren Aschenbechern. Die sind aus purem Silber. Und das Kristall kommt aus der Steiermark. Die teuerste Wohneinheit im Burj Al Arab hat 780 Quadratmeter und kostet 8000 Euro pro Nacht. Ohne Frühstück.

Edgar und ich gehen dazu über, meine 170-Quadratmeter-Besenkammer – läppische 1400 Euro pro Nacht – genauer zu untersuchen. Zwei Etagen, zwei Badezimmer. „Aber nur ein Whirlpool", meckert Edgar. Zwei Fernseher, zwei Schreibtische. „Aber nur ein Laptop." Ein von innen beleuchteter Wandschrank, eine von innen beleuchtete Porzellanvase. „Und nur eine Herrenpflegeserie auf dem Waschbecken", rümpft er die Nase. „Dafür aber ‚Rocabar' von Hermès, Paris, in 100-Milliliterflaschen", beschwichtige ich. „Und wollen wir vielleicht mal diese Fernbedienung ausprobieren?" – „Fernsehen kannst du alleine!" entscheidet der Kollege. „Ich lass mir jetzt was zu essen bringen!"

Leider ist das Restaurant im Keller ausgebucht. So kommen wir um den seltsamen Spaß herum, im Erdgeschoss einen Fahrstuhl betreten zu dürfen, der für zehn Meter zwar gut drei Minuten braucht, aber über eingebaute Rundmonitore eine U-Boot-Fahrt simuliert, um vor einem Aquarium mit Tiefseefischen zu enden. Missvergnügt gehen wir zurück auf mein Zimmer und ordern einen leichten Imbiss.

Rashid arbeitet seit 15 Jahren in Dubaier Hotels. Im Burj Al Arab verdient er 800 Euro monatlich. Davon kann er leben, weil er sich mit drei Kollegen eine Wohnung teilt, die in der Altstadt rund um den Creek liegt. Und weil das Königshaus den Unternehmern umfangreiche Vergünstigungen für die Arbeitnehmer vorschreibt: Krankenversicherung und Sozialabgaben müssen ebenso übernommen werden wie Verpflegung während der Arbeitszeit und ein Fahrdienst von und zu den Wohnungen. Die Hälfte seines Lohns schickt der Hotelpage jeden Monat in die Heimat. Seine Familie hat damit ein Taxiunternehmen aufgebaut. Alle zwei Jahre bezahlt das Burj Al Arab ihm einen Flug nach Hause. Also hat Rashid seine Familie in den letzten 15 Jahren sieben Mal gesehen. Obwohl er seine Leute oft vermisst, wird er auf Jahre hinaus nicht nach Indien zurückkehren können. Ohne seine Zuschüsse wäre das Taxiunternehmen von der Pleite bedroht.

Nach dem Essen reinigt sich der Kollege die Beißwerkzeuge mit einem Zahnstocher, der an einer Seite in einem Plastikspieß endet und auf der anderen Seite in einer Art Bogen, der mit Zahnseide bespannt ist. „War das Hummerragout nicht ein bisschen versalzen?" – „Na ja, aber dafür waren die gegrillten Großgarnelen wirklich gut. Und letztlich: Was willst du schon groß erwarten für 193 Euro?" Das Hummerragout war wirklich versalzen.

Als die Zähne sauber sind, steht Nadine, die Journalistenbetreuerin, vor der Tür. Wir hatten uns schon am Nachmittag gut verstanden. Nun lädt sie uns ein, mit ihr ins „Planetarium" zu kommen, Dubais angesagtesten Nachtclub. Auch hier muss man wieder als erstes über Geld nachdenken. Denn es gibt nur zwei Möglichkeiten, dort hinein zu kommen: Entweder man bringt zwei einheimische Bürgen mit an die Kasse und entrichtet einen Jahresbeitrag von rund 2500 Euro. Oder man lässt sich von einem Clubmitglied einladen. Nadine ist Mitglied. Und damit nicht der Kollege und ich gleichzeitig um sie herum gockeln, hat sie Azmina mitgebracht, eine 22-jährige Kenianerin, deren Schönheit nur von ihrem schreiend intensiven Parfum überboten wird.

Alles scheint bereitet für einen wunderbaren Abend. Die Nacht ist warm, rund um den Club stehen Palmen, schöne junge Menschen begrüßen sich lautstark vor dem Eingang. Ich ahne, dass es eine Pleite wird. Ein Abend in einem extravaganten Club wird fast immer eine Pleite. Auf dem Weg dorthin, in der Schlange vor dem Eingang, unter den strengen Blicken der Türsteher steigt die Erwartung ins Unermessliche. Beim Eintritt bricht die Freude nach wenigen Minuten zusammen. Weil dahinter nicht eine neue Welt wartet, voller unbekannter Klänge, betörender Getränke und vielleicht sogar sexueller Verheißungen. Sondern einfach ein paar Leute in ihrem nettesten Fummel, die tanzen und sich gegenseitig Wortfetzen ins Ohr brüllen. Gut, im „Planetarium" kommen die Gäste aus vielleicht 50 Nationen, verfügen gemeinsam über 18 Hautfarben, und die meisten T-Shirts haben den Wert einer Einbauküche. Aber trotzdem: Aus den Boxen läuft Christina Aguilera, die Leute trinken Gin Tonic und fragen sich gegenseitig: „Was bist du denn fürn Sternzeichen?" Es ist ein Gefühl, als erwischte man seinen Lieblingsrockstar in Unterhose vor dem Fernseher.

Nach einiger Zeit weiß Azmina nicht mehr, was sie mir noch in mein versteinertes Gesicht brüllen soll. Das hat sie nicht verdient. Also frage ich, ob sie für immer in Dubai bleiben will. Sie muss lachen. „No way! Nobody stays in Dubai for life. I'm just here for the money!" Da das Gespräch damit schon wieder beendet ist, mache ich ihr ein Zeichen und wühle mich zum Tresen.

„120 Dirham", sagt der Keeper, als er zwei Colas vor mir abstellt. 30 Euro also. Warum nicht 330? Oder vierhundertsechsundsiebzigtausendfünfhundertdreißig? Ist doch sowieso egal in Dubai! Plötzlich wütend, schmeiße ich Scheine auf den Tresen, ohne die Gläser mitzunehmen. Lasse Azmina stehen. Greife mir Edgar. Stehe Minuten später vor dem Ausgang und atme tief ein. Hoffentlich ist das kostenlos. Drei Runden Getränke im Planetarium haben meine Bargeldvorräte für heute vernichtet.

Zurück auf dem Zimmer setze ich mich vor den Panoramafernseher. Um mich abzuregen, will ich jetzt endlich herausfinden, was es mit der Fernbedienung auf sich hat. Entschlossen drücke ich die Power-Taste. „Mit dieser Fernbedienung können Sie sämtliche Funktionen Ihrer Suite steuern", erscheint eine Schrift auf dem Bildschirm. „Sie können wählen unter 65 Kabel- und vier Radioprogrammen. Sie können aus 35 Videos oder DVDs auswählen. Eingebaut ist ein Internet-Zugang, mit dem Sie surfen können. Außerdem können Sie mit der Menü-Leiste die Vorhänge im Unter- oder Obergeschoss öffnen und schließen, die Überwachungskamera an der Eingangstür betätigen und die Tür öffnen. Unter Ziffer 200 finden Sie zudem ein spezielles Videoprogramm."

Spezielles Videoprogramm. Na ja, denke ich, auch in islamischen Ländern lässt man allein stehende Herren also nicht allein stehen. Aber erst mal beginne ich mit einem regionalen Sender. Ich drücke, und nichts passiert. Ich drücke noch mal, ein wenig heftiger. Der Vorhang geht auf. Beim nächsten Mal drücke ich zweimal. Über den Bildschirm flimmern die Nachrichten von Sat1, und der Vorhang geht wieder zu. Mit anschwellender Halsschlagader werfe ich die Fernbedienung in die Kissen. Im oberen Viertel des Bildschirms ist eine Aufnahme der Überwachungskamera zu sehen. Außerdem läuft eine Schrift durch, dass das von mir ausgewählte Video leider nur im arabischen Original zu sehen ist. Für die DVD in Englisch soll ich mich bitte an meinen Betreuer wenden.

Wütend gehe ich ins Obergeschoss und drehe die Hähne des Whirlpools auf. Keine Ahnung, wie viel Badezusatz man in diese swimmingpoolgroße Wanne kippt. Ich war noch nie in einem Whirlpool. Knappe halbe Flasche vielleicht? Und während das Wasser einläuft, schaue ich mir etwas für allein stehende Herren an. Kanal 200 also. Doch sooft ich auch drücke: Immer erscheint »Dubai 2« mit einer Art Spielshow, in der traditionell gekleidete Herren offenbar erstens einen Bauchtanz aufführen und darüber zweitens unglaublich amüsiert sein müssen. Das Geräusch vom laufenden Wasser klingt plötzlich so seltsam gedämpft. Also wieder ins Obergeschoss.

Meine Portion Badezusatz war offensichtlich zu viel. Die Schaumflocken bilden mittlerweile einen Strom, der sich bis zum Bidet ausdehnt. In meiner Not greife ich mir eine Seifenschale, um die Flocken in die Duschkabine zu schaufeln. Als das nicht mehr reicht, greife ich mit beiden Armen zu. Endlich habe ich den Wasserhahn erreicht, da klingelt es an der Tür. Ich versuche, sie per Fernbedienung zu öffnen, doch es erscheint nur das Startmenü des Internetzugangs auf dem Schirm. Also ignoriere ich die Tür. Irgendwann wird das Klingeln schon aufhören. Am liebsten würde ich um Hilfe schreien. Aber was? „Hilfe, mein Badeschaum ertränkt mich, weil ich zu blöd bin, eine Wanne zu füllen!"? Es gibt Grenzen der Selbsterniedrigung. Außerdem wurde dieser ganze Mist hier eingebaut, damit ich mich wohl fühle, verdammt noch mal! Ich reiße mich zusammen. Mit gezückter Fernbedienung arbeite ich mich von Zimmer zu Zimmer, Gerät zu Gerät, bis alles Ruhe gibt. Dann falle ich aufs Bett. Der Sohn eines Schlossers aus Cuxhaven, besiegt vom Luxus einer künstlichen Wüstenstadt.

Die Nacht wird kurz und unruhig. Erstens hängt über meinem Bett ein Spiegel, mit dem ich mich bei Bedarf beim Geschlechtsverkehr begutachten könnte. Da ich nicht wage, die Vorhänge noch einmal zu schließen, reflektiert er die Lichter von draußen direkt in mein Gesicht. Und zweitens habe ich die von innen beleuchtete Porzellanvase nicht ausgeschaltet bekommen.

Am nächsten Tag werden wir auf Kosten des Hauses im weißen Rolls Royce zum Flughafen gefahren. Eine furchtbar unbequeme Fahrt. Die hölzernen Lehnen der Vordersitze reichen bis auf den Boden, so dass man nicht die Füße darunter ausstrecken kann. Noch eine Stunde, dann bin ich in der Luft. In meiner Tasche befinden sich die kunstlederne Pralinenschachtel, alle Kugelschreiber, sowie die gesamte Herrenpflege-Serie. Rache muss sein.

KNAPPE STUNDE AUFENTHALT
Hamburg/Deutschland (1982/1994/2005)

„Magst nicht mehr?", fragt sie. Ich betrachte die Backkartoffel in Sauerrahm auf meinem Teller. Und die frittierten Hähnchensticks. Sehen aus wie Fischstäbchen. Schmecken auch so ähnlich. Heißen hier am Bahnhofsbuffet aber „Fitness-Platte". Vielleicht wegen der drei Salatblätter und der Tomatenscheibe am Rand.

„Nee." Ich möchte keine Kartoffelstücke in den Mund balancieren, während ich mich 20 Zentimeter über den Teller beuge, damit es nicht kleckert. Einen Sauerrahm-Fleck auf meinem dunklen Anzug würde man nachher meterweit sehen. War eine blöde Idee mit der Fitness-Platte.

Sie nickt. „Ich wasch mir eben die Hände." Bevor sie aufsteht, greift sie mit Daumen und Zeigefinger nach meiner Nasenspitze und zwinkert. Obwohl ihre Hand gar nicht gewaschen ist. Nach fast zehn Jahren greift sie immer noch nach meiner Nasenspitze. Während sie Teil des Gewühls in der Halle wird, gucke ich auf ihren Hintern. Nach fast zehn Jahren gucke ich immer noch auf ihren Hintern, sobald sie sich umdreht. Selbst an einem Tag wie heute. Als sie verschwunden ist, kontrolliere ich andere Hintern, die vorbeigetragen werden.

Hamburg Hauptbahnhof. Irgendwo auf einer der beiden Emporen, die sie über die Gleise gebaut und mit Geschäften und Schnellrestaurants voll gestopft haben. Wie immer in den letzten 20 Jahren will ich lieber im Zug sitzen. Nach Cuxhaven, wo ich vorher gelebt habe. Oder nach Berlin, wo ich seitdem lebe. Aber irgendwie haben die Fahrplaner es nie hingekriegt, die Abfahrtszeiten zu synchronisieren. Regionalbahnen von und nach Cuxhaven fahren im Stundentakt, doch man muss warten: Mal 53 Minuten, mal 57 Minuten, mal 56 Minuten. Direkten Anschluss gibt es nie. In keine Richtung. Also heißt Hamburg für mich seit 20 Jahren: Knappe Stunde Aufenthalt auf halbem Weg. Zwischen zwei Orten. Zwischen zwei Zeiten. Vorher, bei Schulausflügen oder Einkaufstouren mit der Familie, war es fast noch schlimmer. Eltern wie Lehrer leben in dem Wahn, dass ihre Schutzbefohlenen nicht pünktlich zur Abfahrt erscheinen dürfen, sondern sich so lange wie möglich auf dem Bahnhofsgelände langweilen müssen.

In der ersten Zeit hatte ich versucht, aus dieser knappen Stunde etwas Sinnvolles zu machen. Die Gegend erkunden beispielsweise. Seitdem weiß ich, dass es um den Hamburger Hauptbahnhof hastende Menschen mit schweren Taschen gibt. Ein paar Bekloppte, ein bisschen Drogenhandel, ein wenig Rotlicht. Dazwischen viel Innenstadt mit traditionellem Kleingewerbe, das Burger King heißt oder C&A.

Für einen Studenten in den ersten Semestern schien noch was anderes sehr bedeutsam. Hamburg war der Ort, an dem es zum ersten Mal seit oder zum letzten Mal für Monate norddeutschen Dialekt zu hören gab. Also stromerte ich mit der schweren Tasche über der Schulter die Bahnsteige entlang. Überhaupt – ein Bahnhof! Abschiede, Begrüßungen, Tränen! Quell unerschöpflicher Inspiration für einen angehenden Autor! Das ist natürlich Quatsch. Nichts Öderes, als binnen einer Stunde sechzehn Mal Satzfetzen zu hören wie: „Jou, bis dann denn. Und grüß schön zuhause."

So sitze ich seit mindestens 15 Jahren diese knappe Stunde ab, und esse aus Langeweile überteuerte Tellergerichte. Wie jetzt.

„Klassische Gotik finde ich ja viel faszinierender als diese romantisierende Neugotik von Friedrich Karl Schinkel", sagt jemand am Eingang des Imbiss. So was hört man selten im Bahnhofsbuffet. Außerdem kommt mir die Stimme bekannt vor. Der vielleicht 16-jährige Junge, der diesen aus dem Lexikon zusammengelesenen Mist erzählt, trägt eine melierte Tweedhose. Sieht bescheuert aus in dem Alter. Er hat ein Mädchen im Schlepptau, mit blondem Pferdeschwanz und blassblauen Augen. Im Hintergrund stehen ein paar Gleichaltrige. Die Jungs aus der Gruppe feixen ihnen hinterher.

Das Mädchen heißt Katja, weiß ich plötzlich. Und der Junge bin ich selbst. Auf dem Rückweg von einer Schulfahrt zur Schinkel-Ausstellung in den Hamburger Kunsthallen, irgendwann Anfang der 80er Jahre. Eigentlich müsste ich jetzt schockiert sein. Doch wenn man eine knappe Stunde Aufenthalt hat, zwischen den Orten, zwischen den Zeiten, ist man nicht so leicht zu erschüttern. Außerdem habe ich Akte X gesehen. Also wundere ich mich nicht. Stattdessen kriecht dieses peinlich heiße Gefühl über mein Gesicht. Denn ich weiß ja, wie es weiter geht.

Der Junge möchte das Mädchen gern küssen. Das Mädchen möchte den Jungen auch gern küssen, aber das kann der Junge sich nicht vorstellen. Er kann schon nicht glauben, dass sie sich auf ein Getränk einladen lässt. Am Tresen bestellt er eine Cola für sie und eine Fanta für sich. Der Junge trinkt keine Cola. Aus Prinzip. Er trägt auch keine Jeans. Aus Prinzip. Und brabbelt weiter, weil er rettungslos überfordert ist. „Aber die Schinkel-Bauten in Berlin werde ich mir schon anschauen. Das Schloss Tegel. Das Neue Museum. Vielleicht auch die Alte Wache." Das Mädchen schaut ihn an. „Nimmst du mich mit?", fragt sie, und tippt mit dem Turnschuh gegen seinen Knöchel. Jetzt müsste er sich nur zu ihr runterbeugen. Dann gäbe es den ersten Kuss seines Lebens. Aber die Jungs draußen schauen zu. Sie fangen an zu pfeifen und zu johlen. Die waren nämlich gar nicht in der Schinkel-Ausstellung. Die haben sich gleich nach Ankunft abgesetzt und waren in der Herbertstraße. Auf Sankt Pauli. Zur Schenkel-Ausstellung, wie sie jedem erzählen. Jetzt sind alle völlig übersexualisiert und brüllen wie die Halbaffen. Es ist zu viel für den Jungen. Er tritt einen Schritt zurück und gibt dem Mädchen ihre Flasche. Die Chance ist vorbei. Als sie zurück zu den anderen gehen, schaut er auf den Boden.

Ob ich ihm etwas hinterher rufen soll? „Du kriegst deinen Kuss schon noch! In zwei Jahren, auf einem Schulball, von einer anderen! Und Katja bekommt vier Kinder von drei Vätern!" Besser nicht. Ich hab ja Akte X gesehen, und weiß, dass dann was mit dem Raum-Zeit-Kontinuum schief gehen könnte.

Zwischen dem Jungen und dem Mädchen drängelt sich ein ungepflegter Kerl Ende zwanzig durch. Schlecht rasierte Glatze, schwarze Lederjacke, zerrissene Jeans. Panisch hält er sich an der Türeinfassung fest und kramt sein Portemonnaie hervor. Dieser Abgerissene bin schon wieder ich. Mitte der 90er vielleicht. Ist mir wirklich unangenehm, dass der jetzt hier rein taumelt. Akribisch studiere ich zur Ablenkung die Speisekarte. Nutzt nichts, ich kenne den Abgerissenen: Der denkt, dass er gleich einen Herzinfarkt bekommt und sich dringend mit Alkohol beruhigen muss. Deshalb lässt er sich am Tresen den Schnaps und das Bier geben. In Wirklichkeit hat er nur Entzugserscheinungen. Aber er tut so, als ob er das nicht weiß. Um sich zu beruhigen, beißt er in seine rechte Hand. Dann wischt er sie an der Jeans ab. Eine kleine Blutspur bleibt zurück.

Während er am Tisch nebenan den Alkohol in sich hineinkippt, denkt er so laut, dass man es bis hierher hört.

„Gut, gut, gut ... Herz schlägt schon langsamer. Scheiße. Hand aufgebissen. Egal. Stecke ich nachher die Hand in die Tasche. 18 Mark noch. Das sind drei Flachmänner und zwei Rollen Pfefferminz. Einer zehn Minuten vor Ankunft. Und eine Rolle Pfefferminz, damit die das nicht riechen. Und die Hand in die Tasche. Gibt bestimmt erstmal Essen. Beim Kaffee verdrück ich mich aufs Klo. Zweiten Flachmann. Und zweites Pfefferminz. Ist bestimmt auch ein Pflaster im Schrank. Kann ich die Hand verbinden. Dann früh ins Bett. Leere Flaschen in den Koffer. Dritter Flachmann und erstmal schlafen. Fenster auf, damit sies nicht riechen. Und Morgen? Egal. Irgendjemand wird schon einen Schein zur Begrüßung springen lassen."

Einen Moment lang überlege ich, ob ich mit ihrer und meiner Reisetasche ein paar Tische wegrücken soll. Der Abgerissene, der sich so einen Dreck zusammen denkt, stinkt bis zu meinem Tisch nach zu viel Flachmännern und zu wenig Duschbädern! Ich vertiefe mich noch mehr in die Speisekarte, als sich von hinten eine Hand auf meine Schulter legt. „Na,

Hände gewaschen?" – „Alle beide", sagt sie und bleibt hinter mir stehen. „Hast du schon Blumen gekauft für nachher?" – „Nee", sage ich. „Ich hab doch nie Blumen mitgebracht. Und jetzt ist es ein bisschen spät, damit anzufangen, oder?"

Da stellt sie sich neben mich. In einer der gewaschenen Hände hat sie einen Strauß. Ein paar weiße Nelken, ein paar braune, geringelte Zweige mit irgendwelchen Beeren dran. Sieht gut aus. Wenn einen schon das Essen einer Fitness-Platte überfordert, ist der falsche Zeitpunkt, sich mit seiner Freundin zu streiten. Also nicke ich.

Sie schaut auf die Uhr in ihrem Handy. „Wir müssen langsam zum Zug." Beim Aufstehen merke ich, dass ich in meiner zerrissenen Jeans schon gegangen bin. Wahrscheinlich Schnaps und Pfefferminz kaufen. Also kann ich mir nicht zurufen: „Nachher werden sie alle mitkriegen, wie besoffen du bist. Aber dafür überlebst du den Tag! Und die nächsten paar Tausend auch!" Naja, werde ich schon merken. Und ist ja auch besser zu schweigen. Wegen des Raum-Zeit-Kontinuums.

Wir greifen uns die Reisetaschen vor unseren Füßen, und dann gehen wir zu Gleis 13a, zur Regionalbahn nach Cuxhaven. Ich mit meinem dunklen Anzug ohne Sauerrahmflecken, und sie mit ihrem Hintern, den ich immer noch angucke, sobald sie sich umdreht. Nach fast zehn Jahren. Selbst an einem Tag wie heute.

AM BETT VON MARSCHALL TITO
Bled/Slowenien (2005)

In Bled kann es wirklich schön sein. Zum Beispiel dann, wenn man morgens am Seeufer des kleinen, tausend Jahre alten slowenischen Städtchens steht. In der Mitte des Wassers erhebt sich die Marieninsel mit einer Barockkirche – wer ihre Wunschglocke drei Mal läutet, dem ist ewige Treue beschieden. Am anderen Ufer türmen sich die Gipfel der julischen Alpen. Links stemmt sich ein trutziges weißes Gebäude aus Marmor gegen den Hang. Am Steg legt gerade eine Gondel voller Japaner ab. Der Touristenführer stemmt das Boot ins Wasser. „Good bye!", ruft er launig. „Hihi!", lachen die Japaner und beginnen zu fotografieren. Mit einem eleganten Satz springt der Führer aufs Boot. „Just a joke", schmunzelt er. Da lachen die Japaner noch mehr.

In Bled kann es auch ziemlich unschön sein. Zum Beispiel dann, wenn man morgens die Uferpromenade entlang geht. Wie Fotograf Thomas Linkel und ich. Die am Wasser stehenden Touristen präsentieren ihre Rückseiten, gewandet in schlecht sitzende Freizeithosen oder Ballonseide. Und ständig wird man von Japanern fotografiert. Hinter der Uferpromenade, am Ende der Ausfahrtsstraße, steht ein billiges Spielcasino, mit dem die Stadt nachmittags und nachts ihre Steuereinnahmen verdient. Dahinter erhebt sich um ein Viertel des

Sees eine Riegelbebauung aus Beton. Souvenirläden. Imbisse. Eine öffentliche Toilette, für deren Besuch man einen robusten Magen braucht. Ein Parkplatz. Alles so angelegt, dass sensible Menschen leicht Platzangst bekommen können. Auf den Monoblockstühlen zwischen den Imbissen sitzen stiernackige deutsche Touristen in seltsamen T-Shirts. „Alle rennen raus. Wir rennen rein!" steht darauf. Die knallroten Gesichter der Männer sehen nach zwei bis vier Frühstücksbieren aus. Einer von ihnen hält die Kellnerin beim Servieren an der Schürze fest. Und fragt allen Ernstes: „Was machst du, wenn du hier fertig bist?" Später erfahren wir, dass in Bled gerade ein internationales Feuerwehrtreffen stattfindet. Und dass gestern einer der Männer in der Mittagshitze zusammengebrochen ist. Herzinfarkt mit 52 Jahren. Tod durch Frühstücksbier vermutlich.

Wir stromern ein wenig um den See. Hundert Meter weiter beginnt eine Blaskapelle in regionaltypischen roten Westen mit dem Kurkonzert. Die regionaltypischen Weisen, die gespielt werden, heißen „Hello Dolly", „Mackie Messer" oder „Battlehymn of the nation". Vor den Musikanten schwenkt eine Gruppe Cheerleader Beine und Pompoms. Ein Dutzend Gäste applaudiert. Nach einer halben Stunde packen die Mädchen ein und verschwinden in einem Reisebus mit ungarischem Kennzeichen. An einem Baum, der neben dem Parkplatz steht, hängt ein Schild mit der Inschrift: „Nichts einritzen bitte!"

Kollege Linkel und ich setzen uns ans Ufer. Trinken zwei erfreulich starke slowenische Espressi und werfen die geleerten Becher in einen der grünen, kniehohen Stahlfrösche mit weit aufgerissenem Maul, die überall im Städtchen als Abfallkörbe herumstehen. Dann wird es Zeit zu gehen. Wir haben nämlich einen Termin in dem trutzigen weißen Gebäude am Hang. Das ist die Villa Bled, in der Marschall Tito von 1947 bis zu seinem Tod 1980 residierte und Staatsgäste aus aller Welt empfing. Vier Jahre später wurde die Villa als Hotel wieder eröffnet. Seitdem darf sich hier jeder einmieten, vorausgesetzt, er kann sich die Zimmerpreise von 190 bis 420 Euro pro Nacht leisten.

Nach wenigen Minuten liegt der Betonriegel hinter uns. Dann werden die Hotels beiderseits der Ortsstraße weniger. Die letzten hundert Meter folgen wir einem schmalen Asphaltband. Bald stehen wir vor dem Eingang des Geländes. Besonders einladend wirkt es nicht. Das Tor mit den schmiedeeisernen Pfählen ist nur halb geöffnet. Auf dem Kiesweg bis zum Gebäude ist niemand zu sehen.

Die Villa Bled blickt auf eine lange Geschichte zurück. Schon 1883 ließ der österreichische Adlige Ernst Windischgrätz an dieser Stelle ein zweistöckiges Gästehaus errichten. Das milde Klima machte den Ort zum idealen Kurort für den Hochadel. Der schweizer Arzt Arnold Rikli verschrieb den von der Dekadenz des Molochs Wien geschwächten Gästen Naturtherapien. 1903 wurde Bled zum schönsten Kurort des Kaiserreichs gekürt.

Zwei Weltkriege später – Österreich war keine Monarchie mehr und das Nazireich besiegt, die alte Villa Bled 1938 abgerissen worden – errichteten deutsche Kriegsgefangene 1947 das Haus neu und in seiner heutigen Form: Ein wehrhaftes, zweistöckiges, auf den ersten Blick wenig einladendes Gebäude aus weiß-grauem Stein. Als es vollendet war, ließ man die Gefangenen frei. Einige der ehemaligen Arbeiter sind wiedergekommen, um ihren Urlaub hier zu verbringen. Beim Bau der Villa ist niemand gestorben. Manche der alten Männer erinnern sich an den Sommer 1947 wie an ein Ferienlager. Wenige Wochen nach Beendigung der Arbeit zog Marschall Tito ein.

„So eine Gruft hätten auch Goebbels oder Mussolini bauen können. Das war eben der Architekturgeschmack damals", gibt Janesz Faifar zu. Der kleine, runde Hoteldirektor, der deutlich älter aussieht als seine 49 Jahre, empfängt uns mit einem Glas Wein in der Hand auf der besonnten Terrasse. Um uns herum versammeln sich langsam die Hotelgäste zum Mittagessen. Englisch ist zu hören, italienisch, deutsch in allen Dialekten. In Ballonseide läuft hier niemand herum; einige Männer tragen trotz der Hitze Anzug. Der Ausblick auf den See ist großartig. Von hieraus sehen sogar die halbnackten Rentner, die um die Insel rudern, malerisch aus.

Fajfar arbeitet seit der Eröffnung des Hotels hier. Zunächst als Rezeptionschef. 1991 übernahm er die Leitung. Er ist so etwas wie das lebende Archiv der Villa. Regelmäßig wird das Haus von Schülergruppen besucht. Für eintausend slowenische Tolar – etwa fünf Euro – bekommt man Kaffee, Cremeschnitte und einen Vortrag des Direktors. Ihn muss man nicht fragen, ihn muss man stoppen, damit man noch am selben Tag das Haus verlassen kann.

Am liebsten plaudert er über die zahllosen Staatsgäste. „Ceaucescu war ja bestimmt ein begabter Tyrann", legt er in akzentfreiem Deutsch los. „Aber mit seiner Elena hatte er seinen persönlichen Diktator immer dabei. Wenn die ihn zusammengestaucht hat, konnte man das im ganzen Haus hören!" Dann erzählt er von Idi Amin, der gerne im See schwamm. Von

Kim Il Sung, der seine ausfallenden Haare einzeln aufsammeln und als Reliquien bewahren ließ. Und über viele andere Dinge, von denen er die meisten selbst nur vom Hörensagen weiß.

Die Mittagsgäste verschwinden schon wieder auf ihre Zimmer, als es uns gelingt, Fajfar zu unterbrechen. „Ich rede zuviel, hä?", schlägt er die Hände über dem Kopf zusammen. Unser Protest wirkt unentschlossen, und so zieht er uns mit sich in eine der 20 Suiten des Hauses. Die besteht aus drei ineinander übergehenden Zimmern. Die Einrichtung ist dunkel, rustikal im Stil der 1950er. Wenn man die rechte Tür des großen Wandschranks öffnet, entpuppt die sich unversehens als Eingang zum Badezimmer. Vor dem Bett bleibt Fajfar stehen. „Hier. Das Bett von Marschall Tito. Wenn ihr dieses Zimmer mietet, könnt ihr drin schlafen."

Dann zieht er uns weiter in den ersten Stock. Öffnet die Tür zu einem riesigen Saal. Eine der Längsseiten und eine Querseite sind voll mit einem Schlachtgemälde. Sozialistischer Realismus auf mindestens 150 Quadratmetern, der den siegreichen Kampf der Jugoslawen gegen die Deutschen zeigt. Und den Sieg des Sozialismus, natürlich. So viele Heldentode und rote Fahnen an einer Wand haben wir noch nie gesehen. „War mal der Kinosaal", sagt Fajfar. Tito hat immer gerne amerikanische Filme gesehen. Am liebsten Western mit John Wayne!"

Als er unsere staunenden Blicke auf das Gemälde bemerkt, nutzt er die Gelegenheit zum Dozieren. „Das ist ein Bild von Slavko Pengov. Ein mutiger Mann. Der hat schon vor dem Zweiten Weltkrieg das letzte Abendmahl in der Pfarrkirche unten im Ort gemalt. Mit Lenin als Judas. Als Tito dieses

Gemälde bestellte, haben sie Pengov trotzdem wieder gefragt. Der Sozialismus war hier nie so schlimm wie in Russland." In der Marienkirche auf der Insel gibt es noch ein bemerkenswertes Gemälde. Es heißt „Die Beschneidung Christi" und zeigt, was der Titel verspricht. „Tja, Jesus ist als Jude geboren worden", keckert Fajfar. „Auch wenn man sich daran heute nicht so gerne erinnert."

1991 kam schon wieder der Krieg nach Bled. Diesmal der Bürgerkrieg. Im Juni hatte Slowenien sich für unabhängig erklärt, und die meist serbischen Soldaten rückten aus, um die Lage wieder unter Kontrolle zu bringen. Fajfar, der uns mittlerweile wieder auf die Terrasse gezerrt hat, schüttelt beim Gedanken daran den Kopf. „Hier oben saßen die Gäste, und vorne vor dem Haus marschierten serbische Soldaten." Die Slowenen wehrten sich auf ihre Weise. Die starke, paramilitärische Territorialverteidigung sperrte die Straßen vor den Kasernen. Außerdem klemmten die Städte den Soldaten Wasser, Strom und Telefon ab. Nach zehn Tagen war der in Slowenien weitgehend unblutige Krieg vorbei. Die Serben zogen sich zurück. In einigen Gegenden Sloweniens sammelte die Bevölkerung sogar Kleider für die Soldaten. Das Land hatte seine Unabhängigkeit gewonnen. Und währenddessen war die Villa Bled nur für fünf Wochen geschlossen.

Janesz Fajfar ruft den Kellner heran. Er will ein weiteres Glas Wein. In der Nachmittagssonne, die uns auf die Köpfe knallt, zeigt der Alkohol erste Wirkung. Der Herr Direktor fragt nach unseren Vornamen. Mit konspirativem Blick beugt er sich ein wenig nach vorn. Als nächstes möchte er Indiskretionen über Indirah Gandhi erzählen. Wer sich auf ein Besäufnis mit Janesz Fajfar einlässt, bekommt sicherlich die Chance, einen skurrilen Tag zu erleben. Doch Kollege Linkel und ich haben Mineralwasser in unseren Gläsern. Und sind festen Willens, das nicht zu ändern. Freundlich verabschieden wir uns.

Kurz vor der Stadt gibt es nämlich einen Golfplatz, der mit der Villa zusammen arbeitet, und von dem wir viel gelesen haben. Den wollen wir uns noch anschauen. Auf dem Weg dorthin passieren wir wieder das Casino, das gerade zu öffnen scheint. Eine kleine Schar von Ballonseidenmissbrauchern drängt sich hinein. „Da knacken wir nachher noch den Jackpot", knuffe ich dem Kollegen in die Seite. Doch der schaut eher misstrauisch auf das Treiben.

Im Clubhaus des „Bled Golf and Country Club" empfängt uns Metka Jamar. Etwas atemlos und auch sie in akzentfreiem Deutsch. „Auf dem Platz läuft gerade ein Diplomatenturnier", entschuldigt sie ihre zweiminütige Verspätung. Über dem Konferenztisch hängt ein Kronleuchter, dessen Rosette mit Golf spielenden Engeln verziert ist. Metka Jamar ist dunkelblond, Mitte zwanzig und trägt einen grauen, knöchellangen Rock. Wie raffiniert der geschlitzt ist, bemerken wir erst auf den zweiten Blick.

Sie gehört zur ersten Generation, die im unabhängigen Slowenien erwachsen geworden ist. Eigentlich studiert sie noch Ethnologie und kulturelle Anthropologie; als Eisverkäuferin auf der ostfriesischen Insel Langeoog hat sie auch schon gejobbt. Und eigentlich schreibt sie an ihrer Diplomarbeit über die Frage, wie Golf den Lebensstil beeinflusst. Aber faktisch kam sie vor zwei Jahren zu einem Praktikum, wurde von der Clubleitung gleich als Pressesprecherin verpflichtet und wird mittlerweile von Clubs aus San Marino und Rumänien umworben.

Golf ist eine Trendsportart mit hohen Wachstumsraten in Slowenien. Probleme gibt es allenfalls mit den amerikanischen Freizeitsportlern, die „public golfing" gewohnt sind, alles umsonst haben wollen und zuviel Lärm machen.

„Das alles", Metka macht eine umfassende Geste durchs Clubhaus, „wurde 1937 eröffnet." Und nach dem Zweiten Weltkrieg gleich wieder geschlossen. Im sozialistischen Jugoslawien galt Golf als dekadent. In das Clubhaus wurden insgesamt 16 Familien einquartiert, Roma und sozial Schwache. „Wo gerade die Gäste spielen, war bis 1973 eine Hühnerfarm", sagt die Pressechefin. „Dann wurde die Anlage wieder eröffnet, für Funktionäre und ausländische Gäste."

Für einen Moment bin ich nicht ganz bei der Sache. Ich muss an gestern denken, als wir in Ljubljana angekommen sind, der slowenischen Hauptstadt. Abends machten wir in einem Café am Fluss die Bekanntschaft von Zvonka. Auch sie eine Studentin. „Mein Großvater wurde in der Monarchie Österreich-Ungarn geboren", erzählte sie. „Er ging zur Schule im Königreich Jugoslawien, unter einem serbischen König. Seine erste Arbeit fand er in Italien, seine zweite im Deutschen Reich. Pensioniert wurde er in der Volksrepublik Jugoslawien. Mein Großvater hat Ljubljana nie verlassen." Es scheint in Slowenien normal zu sein, dass man sich der wechselvollen Geschichte des eigenen Landes bewusst ist. Aber nicht um sie zu beklagen oder daraus irgendwelche Rechtfertigungen für Hass oder persönliches Unglück zu ziehen. Man weiß es einfach.

Plötzlich bemerke ich, dass ich während meiner ganzen Abschweifung Metka unbewusst in die Augen geschaut habe. Sie wird ein bisschen rot. Bevor ich auch noch rot werde, dränge ich lieber zum Aufbruch. Wir verabschieden uns, nicht ohne ihr viel Glück bei der Diplomarbeit gewünscht zu haben.

Allmählich reichlich verwirrt von diesem kleinen slowenischen Städtchen, erreichen Kollege Linkel und ich schon zum dritten Mal am heutigen Tag den Betonriegel. Über dem Casino beginnt langsam die Dämmerung. „Wie ist es", reibe ich mir die Hände. „Noch ein Spielchen auf dem Weg?" Kollege Fotograf wiegt unentschlossen den Kopf. Da stoße ich ihn durch die Eingangstür.

Wir finden uns wieder am oberen Absatz einer Treppe, die – von einer flackernden Neonröhre notdürftig beleuchtet – nach unten führt. Als wir uns nach unten getastet haben, empfängt uns eine schnarrende Frauenstimme. „Deutsch?" Die Stimme kommt von einer Pförtnerin, die in strengem Jackenkleid hinter einem Tresen lauert. Eingeschüchtert nicken wir. „Gut! Pass, zehn Euro Kaution! Und dann durch den Metalldetektor ins Casino!"

Wir wagen einen vorsichtigen Blick durch den Metalldetektor. Am ersten Spielautomaten sitzt ein Mann von mindestens 75 Jahren, der mit alterszitternden Fingern einen Jeton in den Einwurfschlitz balanciert.

Kollege Linkel und ich sehen uns an. Diesmal zucke auch ich mit den Achseln. Fünf Minuten später sitzen wir im Auto und winken zum Abschied noch einmal der Villa Bled zu.

INVALIDENSTRASSE
Berlin/Deutschland (1988)

Steine werfen ist eine ziemlich öde Beschäftigung. Man greift einen Brocken vom Boden, schleudert ihn weg, und nach ein paar Metern landet er wieder. Wenn man Pech hat, liegt er hinter einer kaputten Fensterscheibe, dann bekommt man Ärger mit dem Hausbesitzer. Oder ein zufällig vorbeilaufendes Sondereinsatzkommando der Polizei missversteht die ganze Sache – dann wird man festgenommen und steht bald wegen Landfriedensbruchs vor Gericht.

Interessanter wären da schon Steine, die man nicht an einen Ort, sondern in die Vergangenheit eines Ortes zurück werfen könnte.

Dieser Gedanke kam mir neulich, als ich durch die Häuserschluchten des Potsdamer Platzes in Berlin schlenderte. Dort bin ich immer ein bisschen verwirrt. Mir geht es wie dem alten Mann in Wim Wenders' Film „Der Himmel über Berlin", der über die Einöde vor der Mauer stolpert und fragt: „Hier war doch mal das Zentrum von Berlin! Wo ist das alles geblieben?" Aber umgekehrt. Denn ich schaue die Fassaden hinauf und denke: „Hier war doch mal der Hund begraben! Wo kommt das alles her?"

Natürlich haben Sie keine Ahnung, wovon ich rede. Also greife ich mir einen dieser interessanten Steine vom Boden.

Nehme Anlauf. Werfe. Der Stein fliegt in hohem Bogen in der Zeit zurück ...

... als seine Flugbahn sich wieder nach unten krümmt, segelt er über eine hässliche Brache im Herbst 1988. Nur wenige Häuser stehen darauf herum. Eines nennt sich „Bellevue Tower" – eine stufenförmig gebaute Hässlichkeit in grau und blau, zu einem Viertel Jugendhotel, zu drei Vierteln Studentenwohnheim und im Ganzen wohl schon bei der Planung als Abschreibungsobjekt gedacht. Der Stein klatscht zu Boden, rollt noch ein paar Meter und kommt zum Stillstand, als er gegen die Außenwand des Bellevue Towers klackt. Im fünften Stock, mit Blick auf die Mauer, liegt ein Appartement, in dem gerade ein 22-jähriger nicht weiß, was er mit dem Tag anfangen soll. Dieser 22-jährige bin ich. Besser als jetzt wird der Tag nicht mehr.

Vor ein paar Tagen ist das sechste Semester zu Ende gegangen. Alle Prüfungen sind erledigt, die meisten Freunde im Urlaub, und zum Streber, der sich auf den Stoff kommender Seminare vorbereitet, fehlt mir jegliches Talent. Also mache ich das, was ich seit dem Studienbeginn immer in leeren Zeiten mache: eine volle Flasche kaufen. Seit einiger Zeit spüre ich die abendlichen Saufereien auch am Tag. Natürlich den typischen Kater.

Aber auch andere Symptome schleichen sich ein: Kleine, schmerzhafte Verkrampfungen unter dem linken Arm, Prickeln in den Fingern der linken Hand – Indizien, die der Laie für Anzeichen eines beginnenden Herzinfarkts hält. Ein paar Mal habe ich deswegen schon EKGs machen lassen. Nichts zu finden.

Wenn man im Herbst 1988 seine volle Flasche billig einkaufen will, sind die Kioske im Untergeschoss der S-Bahn-Station Friedrichstraße die beste Adresse. Der Bahnhof liegt im Ostteil der Stadt. Irgendwelche alliierten Verträge zwingen die DDR, S- und U-Bahnen ihr Hoheitsgebiet unterqueren zu lassen. Die S1 von Wannsee nach Frohnau beispielsweise führt unter der Friedrichstraße hindurch. Wer nicht einreist, kann an den Kiosken für Westgeld Ostalkoholika einkaufen: Nordhäuser Doppelkorn, Krimsekt, armenischen Ararat-Weinbrand. Kein Wunder, dass die S1 auf der Hinfahrt zur Friedrichstraße immer einen gewissen Anteil nervös zitternder Menschen befördert, die auf der Fahrt weg von der Friedrichstraße ziemlich seltsam riechen.

An dem Tag, als der Stein aus der Zukunft geflogen kommt, beschließe ich gegen 16 Uhr ein paar Gläser mehr als gewöhnlich zu trinken und ein bisschen früher als sonst damit zu beginnen. Die nächste Möglichkeit, in die S1 zu kommen, ist am Anhalter Bahnhof. Zehn Minuten Fußweg später bin ich da. Eine Fahrt mit den Zügen, die unter Ostberlin hindurch fahren, heißt im Volksmund „Geisterbahn". Nicht zu unrecht: Die Bahnhöfe unterwegs sind alle zugemauert. Bei den Durchfahrten flackert grünes Notlicht, und manchmal starrt ein missgünstiger Volksarmist von außen in den Zug. Anhalter Bahnhof, Durchfahrt Potsdamer Platz, Durchfahrt Unter den Linden, Friedrichstraße. Sieben Minuten. Das ist der Weg zum billigen armenischen Schnaps. Hundert Mal schwarzgefahren, weil Kontrollen unter Ostberlin selten sind. Welcher Kontrolleur lässt sich schon auf siebenminütige Debatten in einem Waggon voller Besoffener ein? Im Keller des Warschauer

Pakts? Doch diesmal ist es anders. Zwischen Potsdamer Platz und Unter den Linden bekomme ich eine Panikattacke. Ein Schrecken, als ob ich in der Nacht aus einem Alptraum hochfahre. Nur dass dieser Moment einfach nicht mehr aufhört. Es sind nicht die Schmerzen unter der Achsel und im Arm, es ist auch nicht das rhythmische Pochen im Kopf – kenne ich alles schon. Diesmal bin ich mir sicher, dass ich in den nächsten Sekunden sterben muss.

Ich suche nach Hilfe. Der Wagen ist fast leer. Auf der gegenüberliegenden Bank sitzt ein junges Paar. Die beiden merken gerade, dass mit ihrem Mitfahrer etwas nicht stimmt. Da es noch kein U-Bahn-Fernsehen gibt, in das sie sich vertiefen können, beginnen sie zu knutschen. Doch das kann mich nicht stoppen. „Ich habe keine Drogen genommen, und ich bin nicht verrückt", keuche ich sie an. „Aber ich kriege einen Herzinfarkt. Helft ihr mir an der Friedrichstraße raus?"

Sogar in meinem Zustand kann ich sehen, dass sie keine Lust dazu haben. Doch als der Zug in den Bahnhof einfährt, stehen sie auf und nehmen mich in die Mitte. Vermutlich scheint es ihnen einfacher, einen Kranken an der Friedrichstraße aus dem Zug zu schieben, als mit einer frischen Leiche bis Humboldthain – dem nächsten Bahnhof auf Westseite – weiter zu fahren. Sie brauchen nicht lange zu schieben. Wenige Meter von der Tür entfernt steht ein DDR-Bahnangestellter.

Der Mann hört sich mein Stammeln vom nahenden Tod mit diesem herablassenden Blick an, den Ost-Offizielle gern aufsetzen, wenn sie sich einem Bananenfresser überlegen fühlen. „Dann kommen sie mal mit!" Er bringt mich in den Gang, den jeden Tag tausende von West-Berlinern beim Umsteigen entlanghasten. Neben einer Holzplatte mit abgeblätterten Werbeplakaten bleibt er stehen und klopft an einer kaum sichtbaren, da gut verfugten Tür. Sie öffnet sich; eine mürrische Krankenschwester erscheint, und einen Schritt später bin ich in einem Krankenzimmer auf dem Gebiet der Deutschen Demokratischen Republik.

Der Dienst habende Arzt fühlt sich gestört. Er liest nämlich gerade Zeitung. Nachdem er mich kurz abgehorcht und den Puls gefühlt hat, trifft mich schon wieder so ein herablassender Blick. „Rauchen Sie?" – „Vielleicht fünf Stück am Tag" – „Psychatrieerfahrung?" – „Ja." In seinen Blick gesellt sich ein neuer Ausdruck, der ungefähr zu sagen scheint „Westler und auch noch bescheuert. Na, schönen Dank!" Er sagt immerhin: „Ich kann nichts erkennen. Wir bringen sie aber zur Sicherheit in die Charité." Zwei Polizisten verfrachten mich in einen Dienstwagen vor der Tür und geben mich nach kurzer Fahrt im Untergeschoss der Klinik ab.

Auf dem Gang der Charité wartet der statistische Durchschnitt aller Patienten in den Notaufnahmen dieser Welt: Ein paar leichte Verkehrsunfälle, ein paar schwer Gestürzte, ein paar Opfer häuslicher Gewalt, die ein oder andere Schnittwunde. Als sich alle Köpfe in meine Richtung drehen – Westklamotten, keine sichtbare Verletzung – fällt mir ein, dass ich bisher erst einmal zuvor in Ostberlin gewesen bin. Bücher kaufen, Letscho essen. Was man als Student eben so macht. Ich grüße vorsichtig in die Runde und vergesse kurz, dass ich in wenigen Minuten sterben werde. Wenig später kommt ein Arzt. Die anderen murren, als er mich sofort mitnimmt.

Er kann auch nichts finden. Doch er lässt mir von einer Krankenschwester fünfzig Tropfen Beruhigungsmittel einflößen. Dann führt er mich zu einem kleinen Raum am Ende des Flurs. „Setzen sie sich auf die Pritsche und warten sie." Zum ersten Mal seit zwei Stunden bin ich allein. Sitze in einem leeren, kahlen Raum mit briefbogengroßem Fenster auf einer abgenutzten Liege. Draußen wird es dunkel. Mir wird es mulmig, obwohl das Mittel langsam zu wirken beginnt. Ich bin nicht offiziell eingereist, habe kein Tagesvisum. Niemand weiß, wo ich bin. Es ist Herbst 1988. Dies ist nicht die Kino-Nostalgie-DDR der Jahrtausendwende, in der Volkspolizisten von Detlef Buck gespielt werden und junge Menschen in Plasikklamotten herzige Liebesgeschichten erleben. Sondern eine funktionierende Ein-Parteien-Diktatur. Und ich mittendrin. Ohne Buch. Ohne Letscho.

„Watt sitzense denn hier im Dunkeln?" Nach einer circa fünfstündigen halben Stunde wird die Tür aufgerissen. Ein kräftiger Krankenpfleger betritt das Zimmer. Flackerndes Neonlicht flammt auf. Unter dem Einfluss der Tropfen sind mir die drei Meter zum Lichtschalter zu weit gewesen. „Wird's denn gehen?" Der Mann hakt sich bei mir unter und drückt mir eine Krankenakte in die Hand. „Ich bringse mal eben rüber." Vor der Notaufnahme steht ein Krankenwagen. Der Pfleger führt mich hinein und verriegelt die Tür. Angst habe ich keine mehr. Ich zähle die Straßenlaternen, an denen der Wagen vorbeifährt, und finde das viel interessanter als Todesangst.

In der Invalidenstraße hält der Wagen an. Die Tür wird geöffnet. Neben dem Pfleger steht ein Grenzsoldat. Erst als ich mich zu den Männern stelle, sehe ich, dass wir uns an einem

Grenzübergang befinden. Der Mauerring hat hier ein Loch, das abgesichert ist durch eine Vielzahl von Panzersperren und beweglichen Barrikaden. Hier und da sieht man Soldaten mit schussbereiten Gewehren. Alles ist beleuchtet von starken Strahlern, die auf Lichtmasten gepflanzt sind. Zwischen den Mauerringen verläuft ein Asphaltband in den Westen. Wie es auf der anderen Seite aussieht, kann ich von hier aus – und in meinem Zustand – nicht erkennen. Der Grenzer zeigt auf ein Betonhäuschen auf dem Asphaltband, auf halber Strecke des Streifens. „Da gehen sie hin und klopfen. Sie werden abgeholt." Ich starre ihn an. Hat er gerade gesagt, dass ich einfach so aus der DDR rausmarschieren soll? Durch den Todesstreifen? Will er mich vielleicht auf der Flucht erschießen? Ich überlege, ob ich wieder eine Panikattacke bekommen soll. Doch ich habe keine Alternative: Der Pfleger ist schon wieder im Wagen, der Grenzer schaut starr geradeaus. Also winke ich dankend ins Leere und gehe auf das Häuschen zu. Niemand hält mich an, niemand spannt in meinem Rücken einen Gewehrhahn, bis ich den Betonverschlag erreiche.

Klopfen ist überflüssig. Ein weiterer Grenzer empfängt mich an der Tür. Zeigt auf einen Stuhl, indem er sein Kinn leicht anhebt. Dann setzt er sich mir gegenüber an einen Tisch. Raucht eine Zigarette. Tippt mit den Fingern auf die Tischplatte. Schaut wortlos aus dem Fenster. Sieht mich schweigend an. Eine Viertelstunde vergeht. Dann klingelt das Telefon. Er hebt ab, sagt „Ja", legt auf und öffnet die Tür des Häuschens. Am westlichen Mauerring tauchen Scheinwerfer in der Dunkelheit auf. Grenzer schieben eine Barrikade beiseite. Ein Krankenwagen aus West-Berlin rollt heran.

„Mann, Mann, sie machen Sachen!", sagt der Fahrer, als er die Tür öffnet.

In der Notaufnahme des Krankenhauses Moabit ist das Publikum ähnlich wie in der Charité. Da die Uhr mittlerweile 21 Uhr zeigt, liegen zusätzlich die ersten Schnapsleichen auf Liegen herum, schnarchen oder lallen. Es stört mich nicht, dass sie stinken. Denn sie stinken und lallen westdeutsch. Der Arzt sieht gestresst aus, als er meine Krankenakte durchblättert. Er hat frische Flecken auf seinem Kittel. Westdeutsche Flecken. Mittlerweile bin ich überzeugt, heute nicht sterben zu müssen. „Und was soll ich jetzt machen, nach ihrer Meinung?", fragt der Arzt. „Ich geh einfach nach Hause", schlage ich vor. „Wenn sie vielleicht noch etwas Beruhigungsmittel hätten? Nur so zur Sicherheit." Er lacht freudlos, als er eine Krankenschwester anweist, mir fünfzig Tropfen abzuzählen. „Nach meiner Ansicht gehören sie nicht in die Notaufnahme, sondern in die Psychiatrie."

Eine knappe Stunde später, als ich mit leichter Schlagseite einen Stein gegen die Eingangstreppe des Bellevue Towers kicke, kann ich darüber schon lachen. Der Arzt wird recht behalten. Aber nicht heute. Sondern erst, wenn auf dem Potsdamer Platz Baugruben ausgehoben werden. Das Grenzerhäuschen auf der Invalidenstraße schon längst abgerissen ist. Und der armenische Weinbrand für teures Geld im KaDeWe steht.

ICH HATTE EINE FAHRT DURCH AFRIKA
Durban – Kapstadt/Südafrika (2002)

Es klopft an der Tür. Mühsam wache ich auf. Das Bett ist zerwühlt, das Kopfkissen nass von Schweiß. Nach einigen Sekunden weiß ich, wo ich bin. Im Township Inanda am Stadtrand von Durban. Das Bett steht in der Pension „Ekhaya", was auf Zulu „Daheim" bedeutet. Als es erneut klopft, schlurfe ich zur Tür. Im Flur steht eine schöne schwarze Frau im blauen Sommerkleid. „Good morning. It's a quarter past seven. You wanted a wake-up call?", fragt sie mit schüchternem Lächeln. Und wo soll sie das Frühstück servieren? Vorsichtig schaue ich an mir herab. Die Boxershorts sind zerknittert, das Shirt ist durchgeschwitzt. Vieles hatte ich erwartet, als ich mich auf die Reise durch einige der schwarzen Vorstädte Südafrikas vorbereitete. Das Gefühl, nicht gut genug angezogen zu sein, gehörte definitiv nicht dazu. Zügig schließe ich die Tür und krame den Koffer hervor.

Ich wusste so gut wie nichts von den Townships, und stellte mir einen Vorhof der Hölle vor: endlose Ansammlungen von Hütten aus Wellblech oder Pappkartons, voll mit Gewalt und Drogen, Hunger und tödlichen Krankheiten. Weiße, die sich hinein verirren, sind binnen 30 Minuten ausgeraubt, vergewaltigt und tot. Einige Fetzen aus der politischen Geschichte Südafrikas fielen mir auch noch ein: Schüleraufstände in Soweto 1976. Endlose, bürgerkriegsähnliche Kämpfe in den achtziger Jahre, die von der um ihre Macht fürchtenden weißen Regierung immer wieder angezettelt wurden.

Und ich sollte dort hinein.

Natürlich war mir bei meinen Vorrecherchen aufgefallen, dass es seit einigen Jahren Bustouren durch die Townships gibt. Aber das hatte ich ignoriert. Schließlich wollte ich ein harter Hund sein, und mich nicht von irgendwelchen lästigen Realitäten ablenken lassen.

Als mein Fahrer mich gestern vom Flughafen Durban abholte, war es schon dunkel gewesen. Je näher wir Inanda gekommen waren, je spärlicher die Straßenbeleuchtung wurde und je seltener ich weiße Gesichter sah, desto tiefer hatte ich mich in den Sitz vergraben. Der Fahrer bemerkte das. Mit gespieltem Ernst schaute er mich an: „Leider habe ich keine kugelsichere Weste für dich dabei." Natürlich hatte ich in sein Lachen eingestimmt. Trotzdem – nach dem Essen im Ekhaya war ich ziemlich flott auf meinem Zimmer verschwunden, und hatte den Schlüssel zwei Mal umgedreht.

Mittlerweile stehe ich frisch rasiert und korrekt gekleidet am Küchenfenster der Pension. Während die Angestellte das Frühstück bereitet, schaue ich in den Vorgarten. Dort hetzt ein Welpe ebenso eifrig wie erfolglos einigen Hühnern nach. Die Straßen sind ungepflastert. Das Haus gegenüber hat einen Anbau aus Sperrholz. Aber geschossen wird auch heute Morgen nicht. Wahrscheinlich sieht der Vorhof der Hölle ungemütlicher aus.

„Shall I butter the bread for you?"

Ich drehe mich um. Das Frühstück steht auf dem Tisch.

„Oh, please don't make me feel so white!" Sie muss lachen.

Ein paar Minuten später weiß ich, dass sie Jackie heißt, 23 Jahre alt ist und Jura studiert. Bis sie im nächsten Jahr alle Prüfungen abgelegt haben und eine Stelle als Wirtschaftsjuristin suchen wird, verdient sie sich ein bisschen Geld als Aushilfe im Ekhaya. Nach dem Studium will sie auf jeden Fall in Inanda bleiben. Einige Kommilitoninnen haben sich zwar eine Wohnung in den weißen Mittelklassesiedlungen von Durban gesucht. Doch die meisten von ihnen sind schon wieder zurück. Sie holt eine zweite Tasse aus dem Schrank und gießt sich Kaffee aus meiner Kanne ein. Ich mag vielleicht kein harter Hund sein, aber ein weißer Europäer, der in Inanda übernachtet, ist immer noch ein seltenes Tier. Welches das schönste Land ist, in dem ich je war, will sie wissen.

„Maybe Southafrica", sage ich.

„You just say!" rümpft sie die Nase.

Da hat sie Recht. Schließlich bin ich erst seit gestern hier. Doch wenigstens will ich den Weltmann spielen.

„Why should I?"

Sie zuckt mit den Achseln. Plötzlich springt mich ein Gefühl an, das ich schon einmal auf einer anderen Reise hatte. Ich nenne es seitdem die „Halbstundenverliebtheit". Sie hat nichts zu bedeuten. Sie bricht nicht mein Herz, sie zerstört keine anderen Gefühle, und sie geht vorbei, wenn die Frau den Raum verlässt.

Jeder Kollege, mit dem ich je darüber gesprochen habe, kennt diesen Zustand. Nur die Dummen versuchen ihn auszudehnen. Die lassen sich Telefonnummern geben oder treffen Verabredungen, die im besten Fall in einer stressigen Nacht und einem schalen Morgen enden. Ich selbst schaue höchstens noch für ein paar Stunden verträumt Löcher in die Luft. Danach, vielleicht sogar Jahre danach, kommt manchmal eine kurze Erinnerung. „Was macht Jackie jetzt wohl?", denke ich dann. Wahrscheinlich ist sie verheiratet, hat zwei Kinder und ordentlich zugenommen. Erkennen würde ich sie ohnehin nicht mehr.

Aber momentan sitze ich ja noch mit ihr am Tisch und plaudere. Sie müsste eigentlich die Betten machen, ich müsste eigentlich die Umgebung anschauen. Aber eine halbe Stunde lang interessiert uns das nicht. Dann hupt es draußen. Der Fahrer steht vor der Tür. Ich greife meine Tasche und verabschiede mich, ohne ihr die Hand zu geben. Nur mit den Augen. Die Halbstundenliebe ist vorbei.

Mein Fahrer heißt Langa Dube. Der gut gelaunte, fast ständig lächelnde 40-jährige ist der Enkel von John Dube, dem Gründer des ANC. Langa wohnt nur ein paar Schritte entfernt. Im Haus seines Großvaters. Auch so ein Haus, das man an einem Ort wie diesem nicht erwarten würde: Zweistöckig, im Kolonialstil erbaut, am Rand eines Abhangs mit Blick über die weißen Stadtviertel, die sich bis zum Strand erstrecken. Seit der ANC das Land regiert, hängt am Eingang eine Plakette, die das Haus als nationales Denkmal ausweist. Auch sonst kann sich die Nachbarschaft in Inanda sehen lassen: Mahatma Gandhi lebte hier bis zu seiner Übersiedlung nach Indien im Jahr 1914. Sein Haus ist heute ein Museum. Langa zeigt mir die Druckerpresse, mit der Gandhi seine ersten Pamphlete herstellte. Kein Wunder, dass die Gegend zwischen den Häusern hier von der Stadt gepflegt wird. Und mit ihren Beeten und

Hecken eher nach einer Parkanlage aussieht als nach einem Township, in das die schwarze Bevölkerung noch vor zehn Jahren durch die Rassentrennung der Buren gezwungen wurde.

Langa selbst hat lange als ANC-Aktivist gegen die Apartheid gekämpft. Von 1985 bis 1991 war er im Exil. „Irgendwann war ich Ende dreißig und ohne Einkommen", sagt er. „Außerdem hatten wir gewonnen, und Politiker wollte ich nicht werden." Also gründete er sein eigenes kleines Unternehmen und wurde Reiseführer. „Jetzt zeige ich Leuten wie dir lieber meine Heimat, damit ihr ein bisschen Geld in meiner Nachbarschaft ausgebt und zu Hause sagen könnt, wie es wirklich hier aussieht."

Er führt mich zwei Straßen weiter. Bis an ein geschmücktes Grab, das einzeln am Straßenrand liegt. „Da liegt John Dube, mein Großvater", sagt er und zeigt auf eine polierte Steinplatte. „Und daneben mein Vater."

„Und wenn du tot bist, so in siebzig Jahren, dann liegst du auch da?"

„Natürlich, Knud. Wo denn sonst?"

Ich überlege kurz. Mit meinem Vater habe ich letzte Woche telefoniert. Der klang ziemlich gesund. Aber mein Großvater? Wo ist eigentlich mein Großvater begraben?

Langa will noch mit mir ins Vergnügungsviertel von Inanda. Taditionelle Restaurants und „Shabeens" genannte Kneipen haben sich hier angesiedelt. Die meisten von denen sind Garagen, denen die Besitzer einfach das Tor ausgebaut haben. An der hinteren Wand sind Holztresen eingebaut, hinter denen gekocht wird oder Getränkeregale stehen. Davor sitzen die Gäste auf Campingstühlen. Einige dieser Kneipen werden schon in regionalen Gastroführern erwähnt. Mir fällt auf, dass ich seit meiner Ankunft gestern kein weißes Gesicht mehr gesehen habe. Als Langa kurz aufsteht, um einen Freund zu begrüßen, bemerke ich, dass ich Minuten lang geradeaus starre und jeden Blickkontakt vermeide.

Auf der Fahrt zurück in Durbans Innenstadt ist es mein Fahrer, der schweigsam wird. Selbst in einem Vorzeige-Township wie Inanda sind die Spuren der Apartheid noch lange nicht verwischt. Magere Kinder spielen mit billigen Plastikbällen, und die Häuser links und rechts der staubigen Wege sehen eher aus wie Sandburgen mit Dächern. „Die sind aus getrocknetem Fluss-Schlamm gemauert", sagt Langa und beeilt sich zu erklären, dass diese Bauwerke unter der neuen Regierung nicht mehr zulässig sind. Doch Südafrika ist arm, die Landeswährung Rand verfällt rasant. Deshalb ist die Anweisung der Regierung undurchführbar. Wir reden über andere Dinge, bis Langa mich am Flughafen abliefert.

Am nächsten Tag bin ich in Kapstadt. Da Fotograf Peter von Felbert, der beim nächsten Teil der Reise mein Begleiter sein wird, erst am Nachmittag ankommt, habe ich ein paar Stunden frei. Ich lande im „Two-Oceans-Aquarium", das so heißt, weil Südafrika vom Pazifischen und vom Indischen Ozean umschlossen wird. Gleich hinter der Kasse ist ein länglicher Steinquader in den Boden eingelassen. Seine schmale Oberseite ist ausgehöhlt und etwa 20 Zentimeter tief mit Wasser gefüllt. Darin drängeln sich ein paar Seesterne, eine Seegurke, wenige Fische und etwas, was aussieht wie eine feste Qualle. Drum herum drängeln sich sadistische Kinder und schnappen nach ihnen. Dieser Quader ist der absurdeste Streichelzoo, den ich jemals gesehen habe. Die Tiere leben ständig in Panik und Todesgefahr. Mindestens drei Kinderhände sind immer im Wasser. Manchmal, wenn eine Schulklasse herangeführt wird, auch achtundzwanzig. Die Lehrer feuern die Kinder an, ordentlich zuzugreifen, damit sie etwas lernen. Wärter, die den Tieren beistehen könnten, lassen sich nicht blicken. Nach zwei Minuten bin ich mir sicher: Wenn in den Meeren vor Kapstadt irgendein bockiger junger Seestern nicht seine Arme putzen will oder zu lange mit den Kumpels gegründelt hat, droht seine Mutter garantiert: „Falls das noch einmal vorkommt, musst du in den Streichelzoo!"

Bevor ich gehe, schiebe ich zwei Kinder beiseite. Fühlt sich wirklich seltsam an, so eine Seegurke.

„Sag mal, weißt du noch, wo das Auto steht?" Peter ist mittlerweile angekommen, und gerade haben wir in der Innenstadt zu Abend gegessen. „Irgendwo auf der Parallelstraße. Lass uns mal hier quer durch", schlägt er vor.

Er zeigt auf eine schmale Straße. Sie schlängelt sich dunkel an ein paar Wohnhäusern vorbei, aber am anderen Ende sehen wir eine Hauptstraße, über die massenhaft Leute zwischen Nachtclubs flanieren. Fünfzig Meter Abkürzung durch eine schmale Straße werden uns nicht in Gefahr bringen, beschließen wir. Und notfalls sind wir zu zweit.

Nach wenigen Metern haben wir plötzlich eine Horde Kinder zwischen fünf und neun Jahren vor uns, die aus dem Nichts gekommen ist. Vier Schwarze, ein Inder, ein weißes Mädchen. Der Anführer der Sechs reißt die Kapuze seiner dreckigen Jacke vom Kopf. Entweder ist er sehr schmutzig, oder er hat sich um die Augen herum mit Dreck geschminkt.

Er schreit und bemüht sich um ein irres Lachen, das er vielleicht aus einem Horrorfilm kennt. Dann hält er uns seine Hand entgegen: „Money, Mister!" Die anderen fünf umringen uns.

Für einen Moment wissen wir nicht, was wir tun sollen. Scheinbar sollen wir ausgeraubt werden. Aber das hier sind Kinder! Ungefähr so alt wie meine Nichten, denen ich im Sommer Schulhefte und zu Weihnachten Süßigkeiten schicke. Kleiner als die Kinder, die im Aquarium mit Seesternen spielen! Das Mädchen springt vor und reißt an meiner Jacke. Ich stoße sie zurück. Einer der kleinen Schwarzen hat plötzlich etwas in der Hand, was wie eine alte Gabel mit nur noch zwei Zinken aussieht. Peter und ich stellen uns instinktiv Schulter an Schulter. Jeder von uns behält drei von ihnen im Auge und die Hände kampfbereit in Hüfthöhe. Langsam gehen wir auf die belebte Straße zu.

Sie folgen uns bis zum Auto. Die anderen Passanten machen einen Bogen um die kleine Horde. Als wir im Auto sind und starten, legt sich der Anführer von ihnen auf die Kühlerhaube, um uns zum Zahlen zu zwingen. „Money, Mister!"

Hilflos lehnen wir uns aus dem Fenster und geben dem nächsten Parkwächter einige Münzen, damit der die Kinder mit drohend erhobenem Knüppel vertreibt. Es gibt angenehmere Situationen, einen Tag zu beenden. Später im Hotel erfahren wir, dass es diese Kinderhorden erst seit einigen Jahren in Kapstadt gibt. Meistens sind es Waisenkinder, deren Eltern an Aids gestorben sind. Man sagt uns, dass wir sogar noch Glück gehabt haben. Viele dieser Kinder haben gefährlichere Waffen als nur eine alte Gabel.

„Waaait!" Aus einer Bretterbude, die auf einer Art Sanddüne neben der Straße errichtet wurde, schreit uns ein Mann hinterher. Peter hält irritiert mit seiner Kamera auf den zerlumpten Mann, der auf uns zutorkelt. In der Hütte hinter ihm hocken einige dumpfe Gestalten um ein Plastikfass, in dem aus Getreidemaische und Wasser „African Beer" hergestellt wird. Dieser Shabeen hier in Langa, dem zweitgrößten Township Kapstadts, steht garantiert nicht in Gastroführern. Er besteht aus Brettern, über die als Sonnenschutz dunkle Plastikfolie gezogen ist. „Come on!", grölt der Mann weiter. „I'm black, you're white – let's shake hands!" Er streckt uns seine Rechte entgegen, auf deren Rücken eine große eiternde Wunde verläuft. Irgendwie bringen wir die Begrüßung hinter uns, und triumphierend lachend wankt er zu seinen Saufkumpanen zurück.

Hier in Langa – die Namensgleichheit mit dem Fahrer aus Durban ist zufällig – gibt es keine Hütten aus Schlammziegeln. Dazu ist das Areal, obwohl es nur einige Kilometer vom Ozean entfernt liegt, zu trocken. Schätzungsweise 800 000 Menschen leben in dieser Siedlung. Genauer lässt es sich nicht sagen; die Zahl der Einwohner wird von niemandem erhoben. Von erhöhten Plätzen aus sieht man auf ein Meer von Wellblechdächern und Sperrholzverschlägen. Nur wenige Steinhäuser stehen dazwischen. An den sandigen Kreuzungen haben Händler ihre Tische aufgestellt. Früchte und Frischfleisch werden verkauft, ohne dass sie auch nur in einer Kühltasche lagern würden. Langa kommt den Vorstellungen, die ich von einem Township hatte, schon erheblich näher. Die Arbeitslosigkeit liegt bei 70 Prozent. In einem Land, das keine Sozialhilfe zahlen kann. Wer hier seinen 40. Geburtstag feiert, gilt schon als alter Mann.

Obwohl Langa kein Vorzeigetownship wie Inanda ist, versucht die Regierung, inmitten dieser bitterarmen Siedlungen ambitionierte neue Projekte zu etablieren. Unser Führer heißt hier Jimmy Jimta. Er ist klein, unsicher, und weil er erst seit einigen Jahren im Township lebt, wird man das Gefühl nicht los, dass ihn die anderen Bewohner mit gutmütigem Spott behandeln. Doch davon lässt Jimta sich nicht abschrecken. Er könnte als gelernter Elektrotechniker woanders mehr verdienen, auch er führt Touristen, um sie mit der Realität zu konfrontieren. Und er beschönigt nichts. „Bitte geben Sie den Leuten nichts. Sie werden sie sonst nicht mehr los", sagt er gleich zum Beginn der Führung.

Sicherlich zeigt er lieber die Kunsthandwerkmärkte, die vor allem in der Umgebung der Gemeindesäle und Kirchen in den letzten Jahren entstanden sind. Oder das Kulturzentrum, in dem sogar Schauspielunterricht geboten wird.

Doch mit einer Art ängstlicher Unbarmherzigkeit führt er eben auch durch die billigen Mietskasernen, die die alte Regierung für auswärtige Arbeiter bauen ließ, und in denen bis zehn Personen auf 30 Quadratmetern wohnen. Sieben Rand kostet hier die Monatsmiete, ungefähr 75 Cent. Dafür wird immerhin der Müll abtransportiert, und die Bewohner leben nicht in Bretterverschlägen oder unter abenteuerlichen Konstruktionen aus Holz, Blech und Plastik.

Gegenüber gibt es sogar einige wenige Eigentumswohnungen und sogar Einfamilienhäuser zu kaufen. Die billigsten kosten 46 000 Rand, weshalb diese Straße von den übrigen Bewohnern in einer Mischung aus Spott und Neid „Beverly Hills" genannt wird. Jimta warnt weiter: Wenn Kinder sich zum hartnäckigen Betteln an die Hände der Touristen hängen, erzählt er vom Tuberkulose-Problem, weil genau diese Kinder sich vielleicht infiziert haben, als sie Dinge vom Boden in den Mund genommen haben. Allmählich werden wir von einer seltsamen Faszination erfasst. Obwohl fast alle Menschen auf der Straße arm sind, viele zerlumpt und nicht wenige krank, scheint fast niemand schlecht gelaunt zu sein. Wir entschließen uns, eine Nacht hier zu verbringen, und Jimta vermittelt uns an eine nahe Pension namens „Ma Neo's".

Die Fenster des einstöckigen Steinhauses sind vergittert. Obwohl die Kriminalitätsrate in den letzten Jahren dramatisch gesunken ist, liegt sie hoch genug, um Sicherheitsmaßnahmen nötig zu machen. Ein Fernseher in einem schlecht gesicherten Gästezimmer ist immer Grund genug für einen Einbruch.

Im Laufe des Abends kommt die Tochter der Wirtin nach Hause. Eine traditionell gekleidete Frau Ende dreißig. Sie heißt Neo. Nach ihr ist die Pension benannt.

Neo arbeitet als Lehrerin im benachbarten Township Khayelitsha. Da wir die ersten Weißen sind, die hier seit der Eröffnung der Pension vor zwei Jahren übernachten, ist das Interesse wieder beiderseitig. Irgendwann im Laufe des Gesprächs traue ich mich zu fragen, warum die Leute hier trotz des Elends so gut gelaunt scheinen.

Neo sagt: „Sie verzweifeln nicht, weil das nichts ändern würde. Wenn du mit ein paar Freunden zusammen sitzt, ist immer einer mit HIV dabei oder einer anderen Krankheit. Du kannst traurig sein, bis er stirbt, oder du kannst mit ihm fröhlich sein, bis er stirbt. Es ist besser, fröhlich zu sein."

Später am Abend macht sie mit uns einen Spaziergang. Ein paar Kiffer sitzen in einer Ecke. Schon suche ich wieder Peters Schulter, als sie aufspringen und um das nächste Haus fliehen. Zwei von ihnen grüßen sogar. Neo lacht: „Die hatten Angst. Du mit der Kamera, und du mit dem Schreibblock. Die haben euch für Zivilpolizisten gehalten! Außerdem waren zwei früher bei mir in der Klasse. Niemand schlägt seine alte Lehrerin, wisst ihr." Dann lädt sie uns ein, sie morgen in der Schule zu besuchen.

„Good Morning!" Neos Erstklässler krakeelen uns fröhlich entgegen, während wir uns unsicher gegen die Tafel lehnen. Beim letzten Getränk gestern Abend hat Neo uns noch erzählt, dass mehrere ihrer Schüler bereits bei der Geburt HIV-positiv waren. Jetzt schauen wir von Gesicht zu Gesicht. Als ob sich irgendetwas an der Situation änderte, wenn wir die Infizierten entdecken könnten. „Where are you from?", fragt einer der Schüler. Peter findet seine Sprache wieder. Mit Hilfe der Lehrerin erklärt er, dass wir von weit her kommen. Nicht einmal aus Afrika! Die meisten der Kinder sind beeindruckt. Wahrscheinlich werden Marsianer ähnlich bestaunt. Ein paar andere winken demonstrativ ab. Bestimmt halten sie uns für Lügner.

Khayelitsha, „Neue Heimat" auf Zulu, liegt im Schatten des Tafelbergs, genau wie das Zentrum von Kapstadt. Nur eben am falschen Hang. Die Siedlung ist vier Kilometer breit, drei Kilometer lang und hat ungefähr 1,2 Millionen Einwohner. Weit über die Hälfte lebt in so genannten „unformal settlements", wie die Regierung Siedlungen ohne Strom, Wasser und Straßen beschönigend nennt. Auch hier sind die selbst gebauten Hütten vorwiegend aus Blech und Holz. In der Schule, in der Neo arbeitet, haben die Klassen durchschnittlich 40 bis 50 Schüler, und wenn ein Lehrer krank wird, muss eben ein anderer zwei Räume beaufsichtigen. „Wir haben sogar eine Zusammenarbeit mit einer weißen Schule." Neo hebt einen Mundwinkel zum schiefen Lächeln. „Die schicken uns alte Möbel und Bücher, wir dürfen ab und zu einen Schüler schicken. Aber natürlich kommt nie jemand von denen nach Khayalitsha. Das würden die Eltern auch gar nicht zulassen."

Sie führt uns ein bisschen um die Schule herum. Eine Kreuzung vom Schulgebäude entfernt brennt auf offener Straße ein Feuer. Als wir danach fragen, schaut sie so ähnlich wie Langa, als er mit mir vor zwei Tagen an den Schlammhütten vorbeifuhr. „Das sind Assistenten von einem Zauberdoktor."

Sie sind dabei, Wurzeln und Blätter für Teemischungen zu trocknen. Der Doktor selbst sitzt bewegungslos in seiner Hütte neben einem von der Wand hängenden Affenskelett. Auch hier hält ein Touristenbus; mit wohligem Grusel lassen sich einige Australier neben dem stoisch blickenden Mann fotografieren. Neo betrachtet die Szene angeekelt: „Guck dir die Leute an. Der Mann, den sie fotografieren, ist ein Verbrecher und sonst nichts!"

Sie erzählt, dass die Zauberdoktoren früher als die weisen Männer in ihren Stämmen galten. Und auch hier, im Township, folgte man ihrem Rat. Doch dann kam der HIV-Virus. Weil die Doktoren kein Mittel gegen dessen rasende Verbreitung haben, aber dennoch nicht ihr Gesicht verlieren wollen, verschreiben sie als Kur gegen Aids Geschlechtsverkehr mit einer Jungfrau. Jeder Zweite bis Dritte hier ist mittlerweile HIV-positiv, und für diese „Kur" wird vor Vergewaltigung und Entführung nicht zurückgeschreckt. „Wenn du wiederkommst, lass deine Tochter zu Hause!", warnt Neo traurig.

Unser letzter Weg führt zu Khayelitshas bekanntestem Künstler. Auch dieser Mann, der sich „Golden" nennt, wohnt mit seiner Frau und den fünf Kindern nur in einer Holzhütte. Und doch exportiert er seine Ware mittlerweile bis nach Deutschland und in die USA. Der Legende nach, die der geschäftstüchtige Mann sich selbst geschrieben hat, träumte er mehrere Nächte lang von einer Stimme, die ihn bat, auf der nächsten Müllkippe Blumen zu pflücken. Natürlich wuchs dort nichts, doch als der Traum immer wieder kam, verstand Golden schließlich. Seitdem sammelt er leere Getränkebüchsen, und mit einer Blechschere schneidet er sie zu Blumen zurecht. Egal, ob diese Geschichte wahr ist oder nicht: Mit dem Geld, das ihr Mann verdient, hat Goldens Ehefrau mittlerweile eine Kinderkrippe eröffnen können.

Dann verabschieden wir uns von Neo. Eine Stunde später sind wir wieder auf der Stadtautobahn. Heute Abend wartet ein Termin mit einem Juwelier auf mich, und Peter soll eine Weinprobe fotografieren. Ehrlich gesagt – nach ein paar Tagen in den Townships tut es gut, auf der weißen Seite des Tafelbergs anzukommen.

„IST EIN ARZT IM ZUG?"
Von Rom ins Krankenhaus/Italien (1984)

Mir war seit Tagen schlecht. Nicht so, das ich mich hätte übergeben müssen. Aber das Essen schmeckte nicht, das Gehen fiel schwerer als sonst, und meine Laune war entsprechend mies. Ausgerechnet in Rom! Ausgerechnet in den letzten Herbstferien meiner Schulzeit.

Es hatte Wochen gekostet, den Rektor zu überzeugen, dass ich nicht mit meinem Leistungskurs Biologie nach München fahren musste, sondern mich dem Leistungskurs Latein nach Rom anschließen durfte. Denn in diesem Kurs saß meine neueste, tollste und zugegebenermaßen auch erste Freundin! Was sollte ich in München? Mit einsamen 18-jährigen Abiturenten im Biergarten rumhängen?

Nun stapften wir also inmitten der anderen Schüler zwischen Kolosseum und Spanischer Treppe umher. Weil ich so mies gelaunt war, ging sie ganz vorne in der Gruppe, ich ziemlich in der Mitte, und wenn sie etwas zu mir sagte, dann Dinge wie „Warum bist du so, Knud?" Eine Blume, die ich für sie aus dem Vorgarten der Villa Borghese gerissen hatte, warf sie in den nächsten Müllkübel.

Seit gestern war sie besonders sauer. Vor dem „Bocca della Verita" – dem Mund der Wahrheit, der einem angeblich die Hand abbeißt, wenn man in seinem Leben schon mal gelogen hat – standen die anderen minutenlang herum. Machten „Huhu!", rechneten sich gegenseitig ihre Lügen vor und taten so, als ob sie sich nicht trauen würden, näher als einen Meter an dieses blöde Stück Stein heran zu gehen. Ausnahmsweise hatte ich Hunger und wollte so schnell wie möglich in die nächste Pizzeria. Also trat ich vor, rammte meine Hand bis zum Knöchel in den Steinmund, sagte laut „Zwei mal zwei ist fünf" und ging auf die Straße. Seitdem war ich ans äußerste Ende der Gruppe verbannt. Zu Burkhard und Hinrich, die ungefähr genau so beliebt waren wie ihre Vornamen.

Wir drei stapften also nebeneinander her. Obwohl kaum ein Wort gewechselt wurde, ließen wir uns – mit dem Trotz der Verlierer – immer weiter hinter den gut gelaunten Haufen der anderen zurückfallen. Bald klafften bestimmt hundert Meter zwischen uns und der Gruppe. Nur entlang größerer Straßen konnten wir sie überhaupt noch sehen. An einer engen Altstadtkreuzung schoss plötzlich ein Kleinwagen um die Ecke auf uns zu. Schleudernd kam er einen knappen halben Meter vor Burkhard zum Stehen. Der – ein eher bedächtiges norddeutsches Temperament – schüttelte nur kurz den Kopf. Dann machte er einen Schritt zur Seite und schlug dem Wagen einmal mit geschlossener Faust aufs Dach. Den Insassen, zwei jungen Römern mit Junge-Römer-Frisuren und Junge-Römer-Jacketts, war das schon deutlich zu viel. Sie ließen den Wagen mitten auf der Straße stehen, sprangen heraus und gingen gestikulierend auf Burkhard los. Der hörte sich die unverständliche Tirade einige Zeit lang an. Ließ sich sogar zwei Mal vor die Brust tippen. Doch dann – Hinrich und ich standen mittlerweile neben ihm – schubste er wortlos zurück. Wir waren zu dritt. Sie waren zu zweit. Junge Cuxhavener sind in der Regel zehn Zentimeter größer und zehn Pfund schwerer als junge Römer. Die beiden fluchten noch ein wenig und zogen sich dann zurück. Das heißt: sie wollten sich zurückziehen, als ich einen dämlichen Fehler machte.

„Hey Süßer", sagte ich zu dem, der näher bei mir stand. „Grüß zu Hause!" Dabei formte ich mit den Lippen einen schmatzenden Luftkuss. Der Kerl erstarrte. Das missverstand ich als feige Geste und wiederholte meinen Luftkuss. Inniger, mit Zunge. Er schoss auf mich zu. Drückte mich gegen ein parkendes Auto, schlug das Jackettrevers zurück. In der Innentasche steckte eine ziemlich große Pistole. Scheinbar hatte ich gerade eben einem Mafioso homosexuelle Neigungen unterstellt.

Was weiter passierte, weiß ich nicht mehr genau. Angesichts der Waffe entschloss sich mein Hirn zu einem Filmriss. Kein Imageberater hätte mir etwas Besseres empfehlen können. Als ich wieder klar denken konnte, hatten Burkhard und Hinrich mich bereits an die Gruppe der anderen herangeführt. Und bombardierten nun jeden mit der Information: „Zieht der Typ plötzlich eine Wumme und hält die Knud unter die Nase. Aber Knud guckt ihn so lange ganz cool an, bis der andere Typ den mit der Wumme zurück ins Auto zieht!" An diesem Abend knutschte meine Freundin wieder mit mir. Schlecht war mir immer noch, und die Wahrheit habe ich natürlich nicht erzählt.

Am nächsten Tag ging die Rom-Reise zu Ende. Gegen Einbruch der Nacht fuhr ein EC, der uns von Rom über Nacht zunächst nach München bringen sollte. Damals gab es Sechserabteile, deren Sitze man gegeneinander ziehen konnte, wodurch eine durchgehende Fläche entstand. Noch immer spielte ich den wortkargen Helden. Nach einem kurzen Blick auf die stickige, braune Kunstlederhöhle, die sich vor mir auftat, zwinkerte ich meinen fünf Abteilpartnern zu. „Da kann ich sowieso nicht pennen. Ich setz mich die Nacht über auf den Flur, dann habt ihr mehr Platz." Da knutschte meine Freundin schon wieder mit mir. Auch die anderen nickten erfreut. Also nahm ich vor der Glasschiebetür auf einem Notsitz Platz und nickte den anderen huldvoll zu. Unsere Abteile befanden sich im ersten Wagen, direkt hinter der Lok. Es war nicht nur höllisch eng, sondern auch noch reichlich laut.

Zwei Notsitze weiter saß Nikola. Sie war eines dieser Öko-Mädchen, die es Mitte der 80er in jeder Jahrgangsstufe gab. Die während des Mathematikunterrichts Mützen strickten und immer gleich „Wie bist du denn drauf, ey?" protestierten, wenn man mal was halbwegs Witziges sagte. Wer mit einer wie Nikola knutschen wollte, musste vorher Kannen von Wildkirschtee trinken und dazu Hannes Wader hören. Komischerweise verstanden wir uns trotzdem ganz gut. Nikola hatte noch einen Dinkelkuchen von ihrer Mutter dabei, den sie seit Beginn der Fahrt in ihrem Rucksack mitschleppte. In den letzten Tagen waren selbstverständlich auch ihr Spaghetti und Pizza lieber gewesen. Jetzt musste der Kuchen also weg. Deshalb hielt Nikola mir den trockenen Brocken hin und fragte: „Auch ein Stück?" Vielleicht fragte sie das aber auch, weil wir uns ganz gut verstanden. Ich nickte und stand auf. Das heißt – ich wollte aufstehen.

Ein kalter Schmerz jagte durch meine rechte Leiste und ließ mich zur Seite kippen. Direkt gegen die Glastür, hinter der meine Freundin lag. Ich rutschte die Scheibe entlang zu Boden.

Versuchte aufzustehen und die fünf hinter der Tür mit einem Lächeln zu beruhigen. Der Schmerz fuhr wieder durch meinen Leib. Diesmal klappte ich mit der Stirn zuerst gegen das Glas. Meine Freundin schrie. Nikola sprintete zu den Lehrern, die einen Wagen weiter saßen und Rotweinflaschen kreisen ließen. Ich lag rücklings auf dem Boden und tastete vorsichtig meinen Bauch ab. Nichts zu spüren, der Schmerz hatte aufgehört. Dass mir stattdessen viel glasiger als vorher im Kopf war, merkte ich in der Aufregung nicht. Währenddessen hatte meine Freundin gleichzeitig begonnen, mit einer Hand die anderen aus dem Abteil zu stoßen und mich mit der anderen Hand hinein zu ziehen. Während ich auf die zusammengeschobenen Sitze kroch, hörte ich einen Satz, den ich bislang nur aus miesen Vorabendserien kannte. Jemand schrie: „Ist ein Arzt im Zug?"

Es waren sogar drei Ärzte im Zug. Wenige Minuten später hockten sie um mich herum und unterhielten sich auf Italienisch. Mehrfach versuchte ich ihnen zu sagen, dass gar nichts mehr weh tat und es sich vermutlich nur um eine besonders bösartige Blähung handeln würde. Aber sie hörten gar nicht zu. „Appendicite", sagte einer. Die anderen nickten und sagten ebenfalls: „Appendicite." Der Blinddarm also. Alle drei standen auf. Im Gang ballten sich Mitschüler, Lehrer, Bahnangestellte, sonstige Reisende. Ich hörte halblautes Gemurmel. Dann drängte sich ein Lehrer zu mir und rammte seine Rotweinfahne in mein Gesicht. „Du musst ins Krankenhaus. Der Zug wird angehalten."

Vor der Schiebetür brach ein Chaos aus. Carsten, ein ruhiger, penibler Mitschüler, den wir oft veralberten, weil sein Vater Orthopädietechniker war – also mit Bruchbändern, Krücken und Holzbeinen handelte – stand vor den Lehrern und erklärte sich bereit, als Begleitschutz mit mir den Zug zu verlassen. Er war der einzige, der ein paar Lektionen Italienisch gelernt hatte. Alle Lirescheine, die sich noch auffinden ließen, steckten sie Carsten zu, bis die Noten aus seiner Brusttasche quollen und er aussah wie ein zweitklassiger Geldeintreiber.

Der Zug bremste. Halb aufgerichtet konnte ich einen Kleinstadtbahnhof sehen, an dem der EC sonst nie hielt. Irgendwo in der Toskana, ein paar Dutzend Kilometer von Siena entfernt. Draußen hatte sich eine italienische Spätsommernacht entfaltet. Warm, ein klein bisschen diesig. Im Lichtkegel der Bahnsteiglaternen schwirrten Insekten und aufgewirbelter Staub. Als der Zug zum Stehen kam, war das Bahnhofsgebäude mindestens hundert Meter entfernt. Davor stand ein Krankenwagen bereit. Als der Schaffner ausstieg und winkte, rannten zwei Sanitäter mit einer Bahre von dort los. Ich machte einen letzten Versuch: „Ich hab doch gar nichts ..." sagte ich ins Gewühl. Doch mir – immerhin Auslöser dieses ganzen Rummels – hörte schon lange keiner mehr zu. Die Sanitäter packten mich an den Schultern und unter den Knien, so dass ich an ihnen hing wie auf einer Schaukel. Draußen legten sie mich auf die Bahre. Carsten musste beim Aussteigen minutenlang beste Wünsche entgegen nehmen. Mit dem Mädchen, das am längsten auf ihn einredete, war er zwei Monate später zusammen.

Meine Freundin sprang ebenfalls aus dem Zug. Der Lehrer mit der Rotweinfahne wollte sie zurückhalten. Sie war 17, und eigentlich hätte sie ihm gehorchen müssen. Sie fauchte ihn derart an, dass er zurück wich. Gerne hätte ich diesen Moment besser in Erinnerung, wie sie erst den Lehrer in die Flucht schlug und dann meine Hand nahm. Aber mir war noch komischer als vor einer Viertelstunde.

Die Sanitäter trugen mich am Zug entlang. Die Abteilfenster, die Türen waren gepresst voll mit neugierigen Menschen. Einige wünschten mir Glück. Einige fragten, was ich habe. Ein paar Jungs in meinem Alter klopften zur Ermunterung außen gegen die Scheibe. Und in vielen der vorbei huschenden Gesichter sah ich, dass ich ein Störenfried war, der für den Lärm hier verantwortlich war und außerdem den ganzen Betrieb aufhielt. Dann schlossen sich endlich die Türen des Krankenwagens hinter Carsten, meiner Freundin und mir. Durch die kleinen Fenster konnten wir sehen, wie der Schaffner sein Pfeifsignal gab.

Während der Fahrt war meine Freundin kurz vor dem Nervenzusammenbruch und drückte mir fast die Hand kaputt. Ich redete ihr gut zu und grinste nach oben, weil die Decke des Wagens plötzlich ihre Farbe wechselte.

Dann hielten wir vor der Notaufnahme eines Krankenhauses. Der Dienst habende Arzt sprach zufälligerweise gut Deutsch. „Halten sie es noch zwanzig Minuten lang aus?", fragte er zur Begrüßung. Ich nickte. „Natürlich. Das ist hier nämlich alles ein Missverständnis. In Wirklichkeit habe ich …" – „Wir können sie gleich operieren", kratzte er sich am Kinn. „Allerdings machen wir sowas nicht oft. Wir sind eine gynäkologische Fachklinik." Schlagartig waren wir uns alle sicher, dass ich noch zwanzig Minuten lang durchhalten würde.

Das nächste Krankenhaus war am Stadtrand von Siena. Einweisung, Beruhigungspille, Schamhaarrasur, Operationshemd anziehen. Meinen Protest hatte ich aufgegeben. Im Operationssaal unternahm ich noch eine Reise für mich ganz allein.

Als die Narkose nachließ, sah ich über mir die Neonbeleuchtung. Dann erschienen mir plötzlich die Souvenirstände rund um die Pyramiden von Gizeh, die ich vor einigen Jahren besucht hatte. Ein Händler wollte mir unbedingt einen steinernen Skarabäus andrehen. Dabei hatte ich doch damals schon gesagt, dass ich ihn nicht will. Manche Leute geben einfach nie auf. Dann sah ich mir beim Rasenmähen in Cuxhaven zu. Als ich mit dem Mäher zu der Tanne kam, deren Nadeln mir im Vorübergehen immer durch den Overall stachen, konzentrierte ich mich wieder auf das Neonlicht. Diese drei Szenarien kreisten durch meinen Kopf. In meinem Zustand liegt man am besten im Krankenhaus, entschied ich. Um mich bemerkbar zu machen, begann ich immer dann leise zu wimmern, wenn der OP an mir vorbeizog.

Am nächsten Tag erfuhr ich, dass ich unaufhörlich geschrieen haben soll, während eine Schwester mich in mein Zimmer rollte. Und dass ich mich geirrt hatte. Es waren definitiv keine Blähungen gewesen. Eine Stunde später im Krankenhaus, und mein Blinddarm wäre geplatzt.

Am nächsten Abend nahmen Carsten und meine Freundin den Zug nach Hause. Und ich selbst landete acht Tage später am Flughafen Bremen. Carsten sagte ich damals, dass er mich nur anrufen müsste, wenn er irgendwann mal Hilfe brauchen sollte. Mittlerweile stehe ich nicht mehr im Telefonbuch. Meine damalige Freundin lebt jetzt als allein erziehende Mutter in Düsseldorf. Neulich habe ich sie wieder gesehen. War ein netter Abend.

WIE ICH BEI DEN OJIBWE-INDIANERN HEISSE
Ontario/Kanada (2003)

„Dass die damals in so was eingestiegen sind ...!" Fotograf Thomas Linkel klopft vorsichtig gegen die rot-gelb lackierte Außenhaut eines alten Wasserflugzeugs, das vor ihm in dem großen Ausstellungs-Hangar steht. Es klingt, als ob man gegen die Kühlerhaube eines Trabants schlägt. Viel Kunststoff, etwas Holz, wenig Blech. Vorne ein Propeller, so groß wie ein Deckenventilator. Nur Hasardeure können mit so etwas geflogen sein. Irgendwo in der Halle beginnt es zu summen. Eine Hornisse vielleicht?

Wir befinden uns im Bush Plane Museum von Sault Ste. Marie, einem kleinen Städtchen am Lake Superior. Im Hintergrund ist die Brücke zu sehen, die vom kanadischen Ontario in den US-Bundesstaat Michigan führt. An den Kais vor dem Museum sollen wir von einem Piloten der Hawk Air abgeholt werden. Die Firma ist darauf spezialisiert, Reisende zu den abgelegenen Lodges im Landesinneren zu bringen. Bis in die 1970er Jahre hinein waren Wasserflugzeuge die wichtigsten Transportmittel bei der Erschließung des riesigen, unwegsamen Kanadas. Erst dann gab es eine nennenswerte Anzahl von Straßen und Eisenbahnlinien, die den kleinen Maschinen, deren Innenraum zwischen der Größe eines Kleinwagens und eines Busses schwankt, ihren Rang streitig machen konnten. Hier in der Halle von Sault Ste. Marie sind einige versammelt: Passagierflugzeuge, Löschflugzeuge, Frachtmaschinen.

Das seltsame Summen wird lauter. Plötzlich begreifen wir, woher es kommt. Direkt vor dem Museum landet eine Maschine; deutlich kleiner als diejenige, die wir eben so ungläubig bestaunt haben. Kurz darauf steht unser Pilot vor uns. Bill ist sein Name – 64 Jahre alt und Flieger seit über vier Jahrzehnten. Dass Reisende mit weichen Knien vor seiner DeHaviland Beaver stehen, scheint der mit staubtrockenem Humor gesegnete Mann gewohnt zu sein. „Sie ist 1960 geboren worden. Viel jünger als ich. Also macht euch keine Sorgen." Er verstaut unser Gepäck auf dem Rücksitz, wir schließen noch kurz mit unserem Leben ab, und dann heben wir vom Lake Superior ab.

Im Flugzeug bekommt man den besten Eindruck von den unendlichen Weiten Kanadas. Ontario – nur die zweitgrößte Provinz des Landes nach Quebec – umfasst von den Niagarafällen bis zur Hudson Bay eine Million Quadratkilometer, ist also etwa so groß wie Frankreich und Spanien zusammen. 12 Millionen Einwohner leben um die Metropolen Toronto und Hamilton an den großen Seen im Süden. Der Rest der Provinz ist nahezu menschenleer; manchmal liegen Dutzende von Kilometern zwischen verstreuten Siedlungen.

„Ontario" ist ein Indianerwort und bedeutet „glitzerndes Wasser". Auch das kann man bei einem Blick aus dem Flugzeugfenster leicht begreifen. Nichts anderes als Seen, Wälder und felsige Hügel sind von Horizont zu Horizont erkennbar. Leider wird diese Idylle von Zeit zu Zeit deutlich getrübt: Kilometerweit erstrecken sich dann die Schneisen der Holzindustrie; an anderen Stellen quillt aus den Schornsteinen der Minen ein Rauch, dessen Zusammensetzung man gar nicht wissen möchte. Noch immer ist Kanada einer der wichtigsten Rohstofflieferanten der Welt.

Nach 90 Minuten Flug – wir haben uns mittlerweile entspannt – beginnt Bill die Landung. Mit einer 360-Grad-Wende testet er die Windverhältnisse, und dann setzt er sicher auf dem Lake Wabatongushi vor dem hölzernen Haupthaus des „Errington's Wilderness Island Resort" auf. Besitzer Al Errington selbst steht auf dem Steg, um uns zu empfangen. Er sieht genauso aus, wie man sich einen Mann in Kanadas Wäldern vorstellt: kräftig, vollbärtig, gekleidet in Jeans und Flanellhemd. Mit wenigen Worten veranlasst er das Nötige für unsere Unterbringung, um sich dann bis zum Abend zu verabschieden. Die Lodge erstreckt sich über mehrere kleine Inseln, von denen es auf dem Lake Wabatongushi über 70 gibt. Zwischen den Holzhäusern – jedes einzelne mit Badezimmer und Kamin – bewegt man sich mit sechs Meter langen, motorbetriebenen Booten. Für Angler ist der See ein Paradies, und zwischen dem 1. und 15.10. – der kurzen Jagdsaison in diesem Naturschutzgebiet – sind die Wälder an seinen Ufern auch eines für Jäger. 200 Kanadische Dollar kostet die Lizenz, mit der man einen Elch oder einen Bären schießen darf.

Eine Stunde später steht unser Führer vor der Tür – Ivan Madahbee, ein Indianer vom Stamm der Ojibwe. „What do you want to see?", fragt der 71-jährige, mindestens zehn Jahre jünger aussehende Mann zur Begrüßung. „Birds? Fish? Animals?" Einen Elch würden wir gern sehen. Kein Problem, sagt

Ivan, dessen Name „trägt die schwere Last" bedeutet. Vor vielen Jahren war er sogar Häuptling in einem nahen Reservat. Doch dieser Job, der heute ein Wahlamt mit reichlich Schreibtischarbeit ist – wurde ihm bald zu langweilig. Seitdem führt er wieder Touristen. Auf dem See bekommen wir ein Problem, das wir im kanadischen Herbst niemals erwartet hätten – die Sonne knallt mit voller Wucht aufs Wasser. Wir sind mit Stiefeln und warmen Pullovern angereist und bräuchten Sonnencreme. Also fährt Ivan das Boot in den Schatten des ufernahen Schilfs.

Er will einen Elch anlocken. Schon 15 davon hat er geschossen – als Indianer darf er die Tiere erlegen wann er will. Allerdings geht Ivan – wie alle Indianer – nur auf Jagd, wenn seine Vorräte aufgebraucht sind.

Heute ist es schwer, ein Tier zu finden, da der Wind recht stark ist. Ivan zieht alle Register: Er stößt Lockrufe aus, die klingen, als würde man lautstark in ein Ofenrohr rülpsen. Dann reibt er mit dem Paddel gegen Baumstämme, leert seine Wasserflasche in den See, um ein urinierendes Weibchen vorzutäuschen – alles vergeblich. Der Wind bläst seine Lockgeräusche einfach weg. Sichtlich geknickt fährt er uns zurück. Selbst eine Familie von Schwarzbären, die er uns auf dem Weg auf einer Insel zeigen kann, bessert Ivans Laune kaum.

Abends, nach einem typischen kanadischen Essen aus Steak, Backkartoffeln und Blaubeerkuchen, gesellt sich Al zu uns. Nächste Woche geht die Saison zu Ende und er wird mit der Familie in das Städtchen Hawk Junction ziehen, wo er in seinem Privathaus den Winter verbringt. „Im nächsten Jahr möchte ich gern Reittouren auf Elchen anbieten", sagt er, und nimmt einen vorsichtigen Schluck aus seinem Weinglas. Auf unsere erstaunten Blicke hin ergänzt er: „Hab schon oft auf einem gesessen. Sind gute Reittiere. Aber die Regierung rückt die Genehmigung nicht raus." Auf eine trockene, wortkarge Art, in der die meisten Sätze nur begonnen und mit vielsagender Miene beendet werden, kommt Al Errington ins Plaudern. Nach ein paar Jagdgeschichten – der üblichen Art der Angeberei unter kanadischen Männern – erzählt er von seinem Stolz darüber, dass er noch den gestresstesten Manager aus Toronto oder Ottawa auf seiner Lodge zur Ruhe gebracht hat. Manche von ihnen hätten nach einigen Tagen sogar ihr Prozac weggeworfen.

Als wir am nächsten Tag zum Weiterflug an den Steg kommen, steht dort ein junger Mann, der sich bestimmt bald zum ersten Mal rasieren muss. Er heißt Matti Manttari, blickt auf reife 21 Lebensjahre zurück und ist heute unser Pilot. Vorsichtig fragen wir, wie lange er schon seine Flugerlaubnis besitzt. „Seit gestern", kullert er mit den Augen. „Ist das ein Problem für euch?" Dann fängt er an zu grinsen. Zwei Stunden später setzt uns Manttari – der übrigens bereits seit drei Jahren Berufspilot ist, sanft auf der Georgian Bay neben der Killarney Montain Lodge ab.

In Killarney, das bis 1963 ausschließlich per Boot oder Flugzeug erreichbar war, drängen sich die Blockhäuser eng um das Haupthaus. Man unterhält die Gäste hier mit einem Angebot an geleiteten Abenteuern, die – wie auf einer Speisekarte – in die Adventure Level 1-5 aufgeteilt sind. Beim Abendessen schwärmen die Fremdenführer des Hauses aus und nehmen an jedem Tisch die Bestellungen auf. Kollege

Linkel ordert mutig eine Felskletterei der Stufe vier, während ich es bei einer simplen Einführungsstunde im Kajakfahren belasse.

„Soll ich dich umwerfen, oder machst du das selbst?", fragt mein Guide Paul. Am nächsten, ziemlich trüben Morgen um neun Uhr sitze ich in Badehose im Kajak. Zwei Gäste, die auch hier sein sollten, haben wahrscheinlich nach einem kurzen Blick durchs Fenster entschieden, dass sie sich lieber noch einmal umdrehen, statt im Nieselregen irgendwelche Adventure-Levels zu bestehen. Nach Pauls kurzen Erläuterungen weiß ich, was zu tun ist, wenn das Boot umkippt und ich mich kopfüber unter Wasser aus den Verschnürungen befreien muss. Ich zucke Gott ergeben mit den Achseln und rolle mich zur Seite. Schlucke ein bisschen Wasser, mache aber die richtigen Handbewegungen und bin nach zehn Sekunden prustend wieder an der Oberfläche. Warum kraxle ich eigentlich nicht mit dem Kollegen in den Felsen herum?

Aber bevor sich schlechte Laune breit machen kann, reißt der Himmel auf, und wir stechen in See. Die Mountain Lodge verfügt über einen eigenen Motorsegler. Skipper Bob Sweet war früher mal Lehrer, und nun versüßt er sich gemeinsam mit seiner Frau Dianne den Ruhestand, indem er Reisende über die Bay fährt. Im Sonnenschein schimmern die Granitfelsen an den Ufern in allen Rot- und Weißtönen. Kein Wunder, dass hier Kanadas beliebtestes Segelrevier ist. Dianne bemerkt meine Begeisterung und fährt in eine stille Seitenbucht. Sie zeigt auf eine Steilwand, an der das Wetter aus dem Felsen in Jahrtausenden eine Formation ausgewaschen hat, die aussieht wie das Profil eines riesigen Gesichts. „Aber sag das nicht weiter", klopft Bob mir auf die Schulter. „Sonst haben wir hier bald haufenweise Alienforscher am Hals!"

„Was? Ivan hat euch geführt? Das ist mein Onkel!" Darren lacht dröhnend. Der riesige Indianer trägt alle unsere Taschen auf einmal. Nach drei Tagen in Killarney sind wir nun am North Channel angekommen, einem Übergang von der Georgian Bay zum Lake Huron. Im Ojibwe-Reservat betreiben vier Männer vom Eagle-Clan – Darren, Matthew, Howard und Joe – eine besondere Lodge. Zwei Tipis, in denen kleine Touristengruppen einen realistischen Einblick in das Indianerleben bekommen sollen. Zwar steht Matthews Geländewagen neben den haushohen Zelten, doch benutzen tun die vier ihn fast nie. Während des Sommers leben sie autark von der Jagd. Zu ihren Häusern im Reservat – eine halbe Autostunde entfernt – fahren sie höchstens einmal pro Woche.

Während Joe – Leiter des Geschäfts und Koch in Personalunion – ein Stück Elch in den Topf wirft, schultert Darren sein Gewehr und führt uns in den Wald. In einiger Entfernung vom Lager hängt ein Tarnnetz auf einer Lichtung. Davor zeigt er uns frischen Bärenkot. Und am Waldrand sind Spuren von Wölfen zu sehen. Wenn wir ganz ruhig hinter dem Netz warten, werden wir die Tiere sehen. Eine halbe Stunde lang passiert gar nichts. Darren wird unruhig und will woanders nachsehen. Damit wir uns im Notfall verteidigen können, legt er mir sein Gewehr auf den Schoß. Und ist im Wald verschwunden, bevor ich ihn darüber informieren konnte, dass ich noch nie in meinem Leben geschossen habe. Gott sei Dank bleiben die Tiere im Wald, bis Darren missgelaunt wieder da ist. Auf dem Rückweg sehen wir weit entfernt eine Elchfamilie über den Waldweg trotten.

Als nächste Lektion im Indianerleben steht Kanufahren an. Kein Problem, zwinkere ich als erfahrener Kajak-Athlet dem Kollegen zu. Doch kaum besteigen wir das Kanu, gerät es ins Schwanken, und obwohl Joe noch zu stabilisieren versucht, klatschen wir beide ins Wasser. Während ich mit den Füßen nach Grund suche, reiße ich mein Notizheft über die Wasseroberfläche. „Don't take me! Take my Notes", brülle ich. Leider ist kein Redakteur oder Verleger in der Nähe, um meine Todes verachtende Arbeitseinstellung zu bewundern. Fairerweise muss man sagen, dass die Indianer erst zu lachen beginnen, nachdem sie uns ans Ufer gezogen haben.

Joe gibt mir ein Handtuch. Dann legt er mir eine Hand auf die Schulter. Feierlich schaut er mir in die Augen. „Knud. Du weißt, dass jeder Indianer einen Kriegsnamen trägt. Nun gebe ich dir auch einen. Canoed – Der Mann, der vom Kanu besiegt wurde."

Eine Stunde später hält Matthew mir seinen Bogen entgegen: „Du bekommst den hier doch nicht mal gespannt, oder?" Jetzt steht also die Ehre auf dem Spiel. In 20 Metern Entfernung hat er ein hölzernes Reh aufgestellt. Wortlos nehme ich den Bogen. Mache ihn irgendwie schussbereit, obwohl mir die Sehne fast den Finger zerschneidet. Der erste Pfeil geht ins Gras, aber der zweite trifft genau in die aufgemalte Halsschlagader des Tiers. Auch Kollege Linkel hat plötzlich dieses Flackern in den Augen: Gleich sein erster Schuss macht dem armen Holztier den Garaus.

Howard räuspert sich vorsichtig.

„Wisst ihr, wie lange ich dazu gebraucht habe, das zu lernen...?"

Abends am Lagerfeuer, während wir den Elchbraten aus dem Eisentopf löffeln, erzählt Joe Indianergeschichten, die nicht von der Jagd handeln. Er und seine Freunde gehören zur ersten Indianergeneration, die versucht, an ihre fast verlorenen Traditionen anzuknüpfen. Lange ist ihr Volk in Kanada bedrängt und verfolgt worden. Ende des 19. Jahrhunderts begannen christliche Gruppen – toleriert vom Staat – den Indianern ihre Kinder zu rauben, um sie in Missionsschulen zu „zivilisieren". Danach wurden die entwurzelten Jugendlichen, die ihre Eltern nur zweimal im Jahr sehen durften, wieder in die Reservate abgeschoben. Erst nachdem diese Praxis in den späten 1960ern beendet wurde, beginnt eine neue Generation die alte Sprache und die alten Bräuche wieder zu lernen. Es wird spät, bis wir ins Tipi gehen.

Eine Woche später, auf der Rückfahrt nach Toronto, werden wir noch mehr über die augenblickliche Lage der First Nation erfahren. Doro, die polnischstämmige Pressefrau, die unsere Reise organisiert hat, ist eine alte Freundin von Matthew. Sie fährt uns mit ihrem Wagen vom Ufer des Lake Huron zum Flughafen, weil das Wetter an diesem Tag für Wasserflugzeuge zu schlecht ist. Auf der 400 Kilometer langen Strecke redet sie über Dinge, die die Männer lieber verschweigen. Noch immer sind Arbeitslosigkeit und Alkoholismus große Probleme in den Reservaten. Noch immer gibt es weiße Geschäftsleute, die überforderten Häuptlingen Nutzungsrechte am Indianerland für einen Spottpreis abkaufen. Vor allem die Frauen haben es schwer, am zarten Aufschwung teilzuhaben. Doro erzählt von einer Freundin, einer der wenigen Indianerinnen, die es an die Universität schaffen. Nach erfolgreich abgeschlossenem Jurastudium kam sie zurück ins Reservat, um als Anwältin zu arbeiten. Sie musste feststellen, dass ihre alten Freunde ihr nicht mehr trauten, weil sie an der Universität des Weißen Mannes gewesen war. Nun wird die Frau sich entscheiden müssen: fortgehen oder ein perspektivloses Leben im Reservat führen.

Doch davon wissen wir jetzt noch nichts. Am nächsten Tag – nach herzlichem Abschied von den Indianern und einem kurzen Hüpfer mit dem Wasserflugzeug – gönnen wir uns ein Bad im Luxus. Im Lake Huron liegt die Manitoulin Island. Laut Indianermythologie hat Manitou selbst hier sein Zuhause.

Die Manitouwaning Lodge sieht allerdings eher aus wie das Zuhause von Rosamunde Pilcher. Wirtin Gloria, eine silberhaarige alte Dame, herrscht über ein Reich aus grünen und weißen Blockhütten, geschmückt mit Blumenampeln, Biedermeierstühlchen und von ihr selbst gemalten Bildern. Normalerweise verbessern hier die Gäste ihre Tennis- und Golftechnik, aber jetzt, in der letzten Saisonwoche, räkelt sich das Gelände dem Winterschlaf entgegen. So ist es kein Wunder, dass ich schon eine Stunde vor dem Abendessen nichts mehr mit mir anzufangen weiß. Ich setze mich vor den Empfangstresen im Haupthaus und blättere in einem Magazin, das mich nicht interessiert. Hinter dem Tresen sitzt Gloria und löst ein Kreuzworträtsel, das sie nicht interessiert. Unter diesen Umständen dauert es nur Minuten, bis wir im Gespräch sind.

Gloria kommt aus Hout Bay, einem Fischerdorf am Rand von Kapstadt. Das kenne ich von meiner Südafrikareise. Gloria ist entzückt. Sie beginnt mir ihre Lebensgeschichte zu erzählen, ohne Punkt und Komma und mit einem Lächeln, das stolz und fröhlich-resigniert zugleich ist.

Vor vielen Jahren gehörte Gloria zum burischen Geldadel in Südafrika. Sie besaß eine Kunstgewerbe-Galerie, in der sie Zulu-Schnitzereien verkaufte. Als ihr Mann jung starb, ging auch dessen Fabrik an sie über. Ihre Tochter, die sie weitgehend allein groß zog, wurde Fotografin und dokumentierte die Arbeit des Herzchirurgen Christian Barnaard in dessen Privatklinik. Dort lernte sie einen jungen kanadischen Doktor kennen, der sie heiratete und mit nach Ontario nahm. Mehrere Jahre lang sah Gloria ihre Tochter nicht mehr. Sie hatten beide zu viel zu tun – Gloria mit ihren Geschäften, die Tochter mit ihrer Arbeit und ihrem Kind, das nach einem Jahr Ehe geboren wurde. Kurz nach ihrem siebten Geburtstag starb Glorias Enkelin bei einem Unfall. Die Tochter wurde damit nicht fertig. Sie schmiss ihren Job, bekam Depressionen und begann zu trinken, bis ihre Ehe kurz vor der Scheidung stand. Gloria beschloss einzugreifen. Sie verkaufte ihre Galerie und ihre Fabrik und zog nach Kanada, um zu helfen. Das gelang. Die Tochter hörte auf zu trinken. Und da Gloria sich zu langweilen begann, kaufte ihr Schwiegersohn aus Dankbarkeit die Manitouwaning Lodge, die damals gerade von den Vorbesitzern aufgegeben wurde.

Gloria schlägt sich vor den Mund. Dann schaut sie mich streng an. „Aber nicht, dass Sie das alles aufschreiben!" – „Sicher nicht", murmele ich und weiß, dass ich lüge. Vielleicht weiß Gloria das auch. Sie klatscht kräftig in die Hände und führt mich in den Speisesaal, wo Kollege Linkel schon hungrig wartet. Bevor sie sich zurückzieht, stellt Gloria uns noch stolz ihre Chefkellnerin Doris vor. Die sieht aus wie die junge Grace Kelly und benimmt sich wie eine offene Hose. Als wir Orangensaft und Wasser zum Essen bestellen, schaut sie uns ungläubig an. „No wine? No beer?" Mit unangenehm schrillen Lachen eilt sie in die Küche.

Immerhin: Das Essen ist ein Genuss. Der Tisch biegt sich unter der Last von Cajun Hühnersuppe, Frühlingsrollen, Penne Putanesca und Malvenkuchen. Zur Krönung nimmt ein Herr namens Jack Bond – der heute Abend der einsamste Alleinunterhalter der Welt sein dürfte – vor sechs Gästen an seinem Keyboard Platz. Er spielt jeden Klassiker des schlechten Geschmacks, den man sich nur vorstellen kann: „Sentimental Journey", „Begin the Begine", „Que sera". Das Keyboard pluckert erbarmungslos im 4/4tel-Takt.

Nach wenigen Songs höre ich auf, mit Thomas zu plaudern. Ich drehe meinen Stuhl um neunzig Grad und lausche Jack Bond. Alleinunterhalter haben mich schon immer fasziniert. Ihre Liebe zur Musik trotz aller Talentlosigkeit, ihre Bereitschaft, jeden Abend vor ein Publikum zu treten, das sich nicht um sie schert – all das rührt mich zu Tränen. Im Grunde genommen möchte ich auch ein Alleinunterhalter sein. Irgendwo am Ende der Welt in einer Hotellobby „Save the last dance for me" singen.

Genau das mache ich übrigens gerade. Bond bemerkt, dass ich zu diesem Schmachtfetzen aus den 1960ern die Lippen bewege. Er nickt mir zu. Mit einer kleinen Improvisation wechselt er über zu „May Way". Und beginnt derart zu knödeln, dass zwei der Gäste aufstehen und den Saal verlassen.

Kollege Linkel, der als Kind Klavierstunden hatte, steht kurz vor dem Blutsturz; aber ich kaufe dem Mann eine seiner CDs ab. Bond erzählt mir, dass heute sein letzter Abend auf der Insel ist. Ab nächster Woche spielt er in einem Kaff in Kalifornien, dessen Name mit einem „Q" beginnt und von dem ich noch nie gehört habe. Wir verabschieden uns mit festem Händedruck.

Kurz vor dem Einschlafen, als ein Waschbär gegen die Wand meiner Blockhütte kratzt, muss ich plötzlich an Dianne Sweet denken. Bei der Rückfahrt in den Hafen von Killarney hatte mich die alte Dame ernst angeschaut und mit einer Geste über die Bay gesagt: „Ich hoffe, dass der Himmel nach meinem Tod so aussieht."

DER KÖNIG VON STUROVO
Slowakisch-ungarische Grenze (2004)

Auf dem Rücksitz von László Paszterkós PKW liegt ein Blaulicht. Das daran befestigte Kabel kann man in den Zigarettenanzünder stecken – dann heult die Sirene los. Paszterkó stellt das Licht regelmäßig aufs Dach, um an Verkehrsstaus in seinem Heimatort vorbeizufahren. Den Einwand, dass der Einsatz von Blaulicht doch eigentlich der Polizei vorbehalten ist, wischt der einen Meter zweiundneunzig große, gut zwei Zentner schwere Mann mit einem kurzen Lachen beiseite. „Ich darf hier alles."

Hier ist Sturovo. Ein Ort mit 30.000 Einwohnern direkt am slowakischen Ufer der Donau. Am gegenüber liegenden Ufer liegt das ungarische Esztergom.

Bei der Fahrt durch Sturovo kann man ahnen, warum Paszterkó Vorrechte hat: An jedem zweiten Haus klebt ein gelbes Schild. Es besagt, dass es von seiner Sicherheitsfirma „SBS Security" geschützt wird. Schnell stellt sich die Frage, ob das kleine Grenzstädtchen tatsächlich so von Kriminalität erschüttert ist, dass jede Imbissbude gegen ein monatliches Entgelt notfalls mit Waffengewalt beschützt werden muss. Aber wir sind hier, um über László Paszterkós zweites Gewerbe zu reden. Er ist Boxpromoter. Seine Kämpfer werden von Russland bis Portugal, von England bis Italien angefordert, weil sie über zwei Fähigkeiten verfügen: Sie können akzeptabel boxen. Und sie gewinnen so gut wie nie.

Solche berufsmäßigen Verlierer werden von Großpromotern auf der ganzen Welt gebraucht, um ihren Schützlingen einen guten Kampfrekord aufzubauen. Der Kampfrekord beschreibt die Karriere eines Boxers in drei Zahlen. Lautet er beispielsweise 10-5-2, so heißt das: Dieser Boxer hat von seinen bislang 17 Kämpfen zehn gewonnen, fünf verloren und zwei unentschieden beendet. Um bei Fernsehveranstaltungen Hauptkämpfe zu bekommen und nach dem großen Geld zu greifen, muss der Rekord natürlich möglichst makellos sein.

Große Veranstalter – in Deutschland etwa Wilfried Sauerland oder Klaus-Peter Kohl mit seiner Universum-Promotion – bauen ihre Neulinge daher sorgfältig auf. Bei Kleinveranstaltungen oder in den Vorprogrammen der großen Box-Ereignisse – wenn die Kameras noch ausgeschaltet und die Hallen noch fast leer sind – erkämpfen sich viel versprechende Boxer ihre ersten zehn bis zwanzig Siege. Ihnen stehen Boxer gegenüber, die man despektierlich „Fallobst" nennt. Die zu unerfahren sind oder zu alt. Oder die einfach wissen, dass ihr unerwarteter Sieg nur den ganzen Betrieb durcheinander brächte. Es sind Kämpfer, wie László Paszterkó sie unter Vertrag hat.

Der führt uns zur Begrüßung in ein Restaurant. „Regionale Spezialität. Darf sein?", fragt er in fließendem, etwas verschrobenem Deutsch. Wie sich später herausstellt, spricht er weitere fünf Sprachen. Wir nicken. Der Wirt serviert Pansengulasch mit Knödeln. Paszterkó betrachtet uns vorsichtig, aber freundlich. Auf seiner in 57 Profi- und rund 400 Amateurkämpfen zerschlagenen Nase balanciert eine Brille mit dünnem Gestell. Trotz seiner 44 Jahre kämpft er zuweilen noch, meistens auf Veranstaltungen in der Nähe und wenn seine knappe Zeit eine seriöse Vorbereitung erlaubt. Der massige Körper wirkt fit und gut trainiert. Es ist selten, dass seinetwegen Journalisten aus dem Ausland kommen. Paszterkó redet über das Boxgewerbe, streut beiläufig die Namen von Veranstaltern und ehemaligen Meistern ein. Schaut, ob und wie wir darauf reagieren. Offenbar testet er uns; wie ein Kämpfer, der in der ersten Runde das Repertoire seines Gegners überprüft. Immer wieder muss Pasterkó das Gespräch unterbrechen, weil eines seiner zwei Handys klingelt. Auf einem ist seine Sicherheitsfirma dran, auf dem anderen seine Frau Erika. In erster Linie ist er als Promoter gefragt: Allein bei diesem Essen bekommt er Angebote von drei Veranstaltern, die am kommenden Wochenende Kampfabende in Dänemark und in zwei französischen Städten organisieren. Heute ist Dienstag – das Rahmenprogramm wird immer kurzfristig besetzt. Zwei Boxer kann Paszterkó selbst beschaffen, beim dritten braucht er Hilfe eines Kleinpromoters aus Wien. Er flucht und ballt die Faust fester ums Handy, als der nicht ans Telefon geht. Dabei sieht man, wie erstaunlich klein und zart seine Hände sind. Als die Teller leer vor uns stehen, sagt er: „Ist jeden Abend Training. Hier und in Budapest. Wenn ihr wollt, ihr könnt gucken."

Am Abend holt Paszterkó uns ab. Das Training findet in einer Schule statt. Die Sporthalle ist klein und schlecht ausgestattet. Einen Ring gibt es nicht. Doch in der Ecke steht eine quäkende Digitaluhr, die jeweils nach der dritten und vierten

Minute ihr Signal gibt. Drei Minuten Kampf, eine Minute Pause – das ist der Rhythmus, den ein Boxer im Blut haben muss. Jede Trainingseinheit seines Lebens, ob Sparring, Schattenboxen oder Seilspringen, wird nach diesem Schema verlaufen.

Zu unserem Erstaunen ist die Halle voll mit einem Dutzend Kindern und Jugendlichen, die Boxen lernen. Eines der Mädchen ist Paszterkós Tochter. Er hüpft zwischen den Trainierenden herum, scherzt, mahnt, treibt sie an. Später kommen noch zwei Profis aus Budapest dazu. Scheinbar hat Paszterkó seine besten Leute für dieses Training gerufen. Einer der Kämpfer heißt Zoltán Petrányi. Ungarischer Meister im Schwergewicht und erstaunlicherweise Europameister im Dart. Ihm gehört ein Pub in der Budapester Innenstadt. Der andere heißt auch Zoltán. Ein technisch brillanter, blitzschneller Halbschwergewichtler, der schon Champions wie Dariusz Michalczewski und Thomas Ulrich auf ihre Titelfights vorbereitet hat. 100 Euro am Tag bekommt er dafür. Und einen Kampf im Vorprogramm der Champions. Bei einem größeren Promoter mit mehr Macht könnte er sicherlich höher in den Ranglisten stehen. Vor einiger Zeit trat Zoltán in Italien an, als Herausforderer um einen unbedeutenden Meistergürtel, den der Einheimische unbedingt behalten sollte. Als er den Champion in den ersten Runden zwei Mal zu Boden schlug, ließ der Veranstalter spontan das Licht in der Halle ausfallen, bis sein Favorit sich erholt hatte.

Wenn Zoltán – der Frau und Tochter hat – nicht im Ring steht, arbeitet er nachts im Hotel. Als Nachtportier? Pászterkó wiegt den Kopf: „Offiziell. Du rufst Zoltán an, wenn du Mädchen willst. Oder andere Sachen. Zoltán bringt dir."

Als die ersten Kinder das Training schon beenden, erscheint noch Anton Glofák. Ein 34-jähriger Leichtgewichtler von zweifelhaftem Ruhm. Sein Rekord steht bei 55 Niederlagen und zwei Siegen. Beide gelangen in Sturovo gegen Debütanten. Im Internet wird er in der „Hall of Shame" als einer der weltschlechtesten Boxer geführt. Wenn man Glofák beim Sparring zuschaut, verwundert das zunächst. Er ist nämlich kein unbedarfter Kneipenschläger, sondern ganz offensichtlich durch eine hervorragende Amateur-Ausbildung gegangen. Seine Beine sind zu schnell für den Sparringspartner, der ihn kaum einmal trifft. Das Gesicht ist glatt, die Nase wahrscheinlich noch nie gebrochen worden. Doch Glofák greift so gut wie nie an. Seine spärlichen Attacken reichen gerade aus, dass kein Ringrichter dazwischen gehen und ihn mit den gefürchteten Worten „No fight no money!" wegen Inaktivität disqualifizieren kann. Natürlich verliert er so jeden Kampf nach Punkten. Aber der Promoter des Gegners weiß nach dem Kampf, ob sein Mann schnell ist und nachsetzen kann. Glofák hat die Flucht durch den Ring zu seinem Geschäft gemacht. Paszterkó stellt sich zu uns und betrachtet ihn wohlwollend. „Guter Mann. Hat scheiße Rekord, aber er boxt gesund."

Glofák ist hauptberuflich Pfleger in einem nahen Krankenhaus. „Ich wollte nie Weltmeister werden", sagt er, während er auf dem Weg zum Duschen seine Bandagen löst. „Meine Töchter sollen auf eine gute Schule, mein Haus soll renoviert werden. Und manchmal rufe ich László auch an, wenn meine Frau ein neues Kleid möchte." In zwei Jahren will er aufhören. Dass sich bis dahin die meisten Boxexperten über ihn lustig machen, ist ihm gleich. Im Gegensatz zu vielen ehemaligen Weltmeistern wird er nach seiner Karriere weder unter Parkinson noch unter Artikulations- und Bewegungsstörungen leiden – dem so genannten „Punch-Drunk-Syndrom", das viele alte Boxer erfasst, die durch offensive Kampfesführung zu viele Kopftreffer nehmen mussten.

Nach dem Training nimmt Paszterkó uns mit in sein Büro in einem nahe gelegenen Plattenbau. In einem der Räume lungern drei Mitarbeiter der Security auf einer Sitzgruppe. Zwischen ihnen lehnt ein Gewehr. Sie warten darauf, dass der Computerbildschirm auf dem Schreibtisch einen stummen Alarm vermeldet. Denn neben der monatlichen Zahlung von Schutzgebühr müssen sich alle von SBS bewachten Unternehmen auch noch an deren Warnsystem anschließen lassen. „Alles in Ordnung?", fragt ihr Chef. Sie nicken. Meistens passiert nichts. Neulich ließ Paszterko seine insgesamt zehn Angestellten ausrücken, um den Hund eines Freundes zu suchen.

Im Raum daneben hat er sein eigenes kleines Museum eingerichtet. Rund um seinen Arbeitsplatz hängen Bilder und Urkunden, stehen Pokale. Paszterkó druckt die Liste seiner Boxer aus. Über 50 Männer und vier Frauen. Die Kampfrekorde zeigen, dass alle weit häufiger verloren als gewonnen haben. Auch sein eigener ist dabei. 21 Siege, 34 Niederlagen. Einer der besten in seinem Boxstall.

Während wir die Liste studieren, beginnt Paszterkó per Telefon Geschäfte zu machen. Als wären wir gar nicht dabei, bespricht er mit zwei Kollegen aus Österreich und Tschechien, wie man eine neue Hoffnung aufbauen kann. Er selbst hat seit kurzem einen 17-jährigen Ukrainer unter Vertrag, der seinen ersten Kampf durch KO binnen weniger Sekunden gewann.

Nun wird jeder der drei Promoter in den nächsten zwölf Monaten drei Kampfabende machen und dem Ukrainer schlagbare Gegner entgegen stellen. Am letzten Abend soll es um irgendeinen regionalen Titel gehen, damit der Neue als Champion gelten kann. Die Vermarktungsrechte wird Paszterkó dann meistbietend an einen Großpromoter in Deutschland oder Frankreich verkaufen und seine Kollegen am Gewinn beteiligen.

Ich höre gebannt zu. An diesem Abend habe ich mehr über das Profigeschäft erfahren als in den letzten fünf Jahren zusammen. Die plumpen Tricks dieser Provinzpromoter erscheinen mir plötzlich als brillante Schachzüge. Zwei Stunden später werde ich László zum ersten Mal duzen. Und mich morgen darüber ärgern.

Keiner von Paszterkós Kämpfern wird je Weltmeister werden. Das schmerzt ihn. Als ich ihn frage: „László, wenn du siehst, dass einer von deinen Boxern ein ganz großes Talent sein könnte, was rätst du ihm?", antwortet er traurig: „Geh weg von mir, Junge. Geh nach Deutschland oder England, weg von Slowakei."

Ein bei ihm gebuchter Kampf über vier Runden kostet 600 Euro. Ein achtrundiger Hauptkampf sogar bis zu 3000. Zwei Drittel davon bleiben dem Boxer, egal ob er gewinnt oder verliert. Das ist viel Geld in der Slowakei. Die Sicherheitsleute im Zimmer nebenan verdienen 200 Euro im Monat. Durchschnittslohn in der Slowakei.

Lászlós Verträge mit den Boxern laufen über drei Jahre. Einen Monat vor Ablauf setzt er sich mit ihnen zusammen und entscheidet, ob der Kontrakt verlängert wird. „Da brauchen wir nicht viel zu reden. Wir sehen uns in die Augen und wissen." Zwei seiner Boxer stehen derzeit auf der Kippe. Einer ist vierzig geworden, der andere hat die letzten vier Kämpfe durch KO in den ersten Runden verloren. László schüttelt den Kopf und wechselt abrupt das Thema.

Am nächsten Abend nimmt er uns mit zu einer Trainingsgruppe nach Budapest. Auf dem Beifahrersitz ist Erika, seine blonde, gepflegte, stets etwas beleidigt wirkende Frau, die er direkt von einem Schönheitssalon in Esztergom abgeholt hat. László strahlt, denn die Geschäfte laufen hervorragend. In zwei Wochen wird ein großer Kampfabend in Berlin sein, und er erwartet stündlich den Anruf von Universum. Außerdem hat SBS einen großen Auftrag an Land gezogen: Die Firma Nokia lässt einen Lastwagen voller Handys bei der Durchfahrt durch die Slowakei von ihm beschützen, bis an der polnischen Grenze die dortige Polizei die Begleitung übernimmt. László dreht sich zu uns um und zwinkert. „Wenn du Boxen machst, es ist eigentlich verboten auch Sicherheit zu machen. Also ist Erika Chef von SBS."

Während der Fahrt durch die Dunkelheit beginnt er mehr von sich zu erzählen. 1960 wurde er in Budapest geboren. „Mit acht war die Ehe meiner Eltern kaputt. Wir sind in die Slowakei gegangen. Mein Vater ist noch in Budapest." László machte Abitur, besuchte die Hotelfachschule und wurde Hotelleiter. Zum Boxen kam er durch Zufall. Ein Freund, mit dem er im Fitness-Studio trainierte, erzählte ihm, dass seine Riege für den nächsten Kampftag nicht vollständig sei und deshalb die Disqualifikation drohe. László ließ sich aufstellen und besiegte den Gegner mit einem seiner ersten Schläge. Die Freunde jubelten. Erst jetzt erzählten sie ihm, dass er eben gegen den slowakischen Meister im Halbschwergewicht angetreten war. Damit hatte er seinen Sport gefunden – acht Mal wurde er slowakischer Amateurmeister, einmal Meister der gesamten CSSR.

Nach dem Zusammenbruch des Sozialismus wurde er Profi. Mit belgischer Lizenz, zunächst bei einem ungarischen Promoter, später bei Helmut Slomke, der damals als König der deutschen Kleinringveranstaltungen galt. Doch für die große Karriere war es bereits zu spät. Zwar kämpfte er gegen bekannte Namen wie Axel Schulz, der ihm drei Rippen brach. Und gegen den er nach Punkten verlor, obwohl er ihn zweimal am Boden hatte. Aber auf die vielen Namenlosen wie ihn, die plötzlich aus dem Osten auf den Profimarkt drängen, wartete niemand. Auch die Punktrichter nicht. Etliche seiner Kollegen versuchten es damals mit Doping und anderen seltsamen Mitteln.

„Zwei Tage vor dem Kampf zapfst du dir Blut ab und stellst es in den Kühlschrank. Eine Viertelstunde vorher spritzt du es wieder rein. Drei, vier Runden bist du aggressiver."

László selbst begann nebenbei Geschäfte zu machen. Einige Zeit lang drohte er in die Unterwelt abzudriften – „In- und Export, Automaten, böse Sachen" sagt er. Doch dann ließ Slomke ihn mehr und mehr Veranstaltungen in Osteuropa betreuen – bis László sich 1995 von ihm löste und auf eigene Rechnung weitermachte.

Wegen der Veranstaltungen hatte er häufig mit dem Polizeichef der Region Sturovo zu tun. Eines Tages bot der ihm die Lizenz für einen Sicherheitsdienst an – den Gewinn musste László allerdings mit ihm teilen. Auch hier machte der Boxer einige Jahre mit, um 2001 selbständig zu werden.

Am Ende der dunklen Straße tauchen die Lichter von Budapest auf. László Paszterkó merkt plötzlich, dass er vielleicht ein bisschen mehr erzählt hat, als er es sonst tut. Er lacht betont laut auf und macht eine wegwischende Handbewegung.

Im Gym in Budapest – auch hier gibt es keinen Ring – stehen einige düster blickende Männer in Daunenjacken an der Wand. Zwischen zwei Sparringsrunden mit Zoltán – in denen László nicht besonders gut aussieht – sagt er beiläufig: „Das sind Freunde aus Budapest. Wenn meine Security Ärger hat, rufe ich sie. Dann ist Ärger schnell vorbei."

In den nächsten Pausen erzählt er, dass er ähnliche Freunde auch in Bratislava hat. Dazu ein paar Kontakte zu Leuten, die früher beim albanischen und russischen Inlandsgeheimdienst waren. Der Fotograf und ich stellen uns in die Ecke. Die weiteren Fotos macht er mit dem Rücken zu den Daunenjacken.

Nach dem Training verabschiedet László sich. Er fährt zurück nach Sturovo, wir bleiben hier. Zum Schluss verspricht er uns, dass wir in Berlin in die Umkleidekabinen zu seinen Boxern dürfen.

Zwei Wochen später. Am Morgen der Boxveranstaltung in Berlin rufen wir László an, um einen Treffpunkt in der Halle auszumachen. Er wirkt kleinlaut am Telefon. „Gab Irritation. Universum hat nicht angerufen. Aber nächste Woche sind wir bestimmt in Deutschland. Oder nächsten Monat. Ich melde mich."

JUST SAY: „HO-HO-HO-HO!"
Tokio/Japan (2001)

Heute wäre ich gern wie Hansch-ko. Denn der bleibt gelassen. Verzieht keine Miene, auch wenn auf Japans größter Kreuzung vor der Shibuya-Station die Rushhour losbricht oder, wie jetzt gerade, am Wochenende der Aufmarsch ins Nachtleben beginnt. Um das Gewimmel unter Kontrolle zu bekommen, schalten sämtliche Fußgängerampeln gleichzeitig auf Grün, so dass der Reisende sich im Minutentakt mitten in den Angriffswirbel einer tausendköpfigen Rugbymannschaft versetzt fühlt.

Hunderte von Menschen eilen von jeder Seite auf die Straße, und wer nicht auf sein Handy starrt, der bestaunt die Werbespots an den Videowänden der Kaufhäuser.

Warum unter diesen Umständen jeder sicher die andere Seite erreicht, wissen wohl selbst die Einheimischen nicht genau.

Hier oder rund ums Rotlichtviertel an der nahen Shinjuku-Station ist Tokio genau so, wie man es aus zahllosen Reportagen von ARD bis RTL2 zu kennen glaubt: Die Neonreklamen schrauben sich bis in den Himmel, es wimmelt von Oben- oder Unten-ohne-Bars, Peepshows, Schnellrestaurants, Karaokeschuppen voller angetrunkener Geschäftsmänner. An den Ecken lehnen junge Männer in Armaniimitaten und mit gebleichten Haaren: Pornoscouts auf der Jagd nach Mädchen aus den Randbezirken, die sie zu Probeaufnahmen überreden wollen. Wenige Schritte daneben hocken Gestalten in wallenden Gewändern auf dem Trottoir und schlagen kleine Gongs. Bettler? Kiffer? Mönche? Auf jeden Fall werden im Schaufenster des Geschäfts hinter ihnen Galiamelonen angeboten. Für 150 Euro pro Stück.

Die Stadt Tokio ist für einen Reisenden unverständlich. Man kann sie nur mit offenem Mund anstarren. Egal, ob man den ganzen Tag herum hetzt oder einfach in einem Café sitzen bleibt – Tokio ist immer zu grell. Immer zu schnell. Immer zu extrem. Auf den ersten Blick passt hier nichts zusammen. Auf den zweiten Blick auch nicht. Wenn man versucht, auch nur einige der im Reiseführer vorgeschlagenen Touren zu bewältigen, bekommt man sicher einen Nervenzusammenbruch. Das ist ohnehin nur unter Anweisung professioneller Führer zu schaffen. Und entsprechend langweilig. Besser ist es, ins Gewimmel dieser Stadt hineinzugreifen wie in eine Wundertüte. An einem Tag zieht man das Überraschungsgeschenk heraus. An einem anderen eben nur Puffreis. Wenn man das akzeptiert, merkt man, dass all die Einheimischen, die hastig durch die Straßen marschieren, oder die mit starrem Blick auf ihr Handy in der U-Bahn sitzen, genauso überfordert und verwirrt sind. Dann kann man sich auf die Reise durch Tokio machen. Vielleicht wird man für Momente so gelassen wie Hansch-ko.

Denn Hansch-ko ist ein Hund aus Metall, der an einer Ecke der Shibuya-Station wacht. Früher hat an dieser Stelle der echte Hund jeden Tag sein Herrchen, einen Professor, von der U-Bahn abgeholt. Irgendwann starb der Professor während der Arbeit, und der Hund wartete vergebens. Doch er kam jeden Tag wieder. Als Hansch-ko selbst nach zehn Jahren tot war, errichtete die Stadt Tokio ihm diese Statue.

Fotograf Rodtmann und ich sind noch weit von jeglicher Gelassenheit entfernt. Aber es ist nicht die Betriebsamkeit der 8,5-Millionen-Metropole, die uns nervös macht. Vor wenigen Stunden waren wir noch im Flugzeug, und gleich sollen wir Yako Onuki treffen. Yako ist Sängerin der Noisecore-Band Melt Banana. Hingerissen von einem Live-Auftritt, beschrieb sie ein britischer Kollege als „Japan's punk rock empress, a bondage-queen she-devil from the hottest harem in hell". Was trägt man bei so einem Termin? Trägt man da überhaupt was?

„Hello?", fragt es aus Höhe meines Brustbeins. Yako hat sich unbemerkt herangepirscht. Die vermeintliche Bondage-Queen trägt eine brave Kurzhaarfrisur über ihren riesigen Augen, eine grüne Windjacke und Jeans. Statt einer Peitsche oder eines Morgensterns hat sie den Gitarristen Agata dabei. „Ho-ho-ho-ho", lacht der zur Begrüßung und verbeugt sich bei jeder Silbe ein Stück tiefer. „Okay, let's go elsewhere!", schlägt Yako vor. Als Agata schon wieder „Ho-ho-ho-ho" sagt und zur Verbeugung ansetzt, rammt sie ihn sanft mit der Schulter. Schließlich gehen Melt Banana demnächst auf ausgedehnte Europatournee. Yako möchte also einen gesitteten Eindruck machen. Zumindest die erste halbe Stunde lang. Eigentlich hat sie nur einer gemeinsamen schweizer Freundin versprochen, uns ein paar Tipps zu geben. Aber wir sind Journalisten, und Yako ist zu lange im Geschäft, um sich die Chance auf einen netten Vorbericht entgehen zu lassen. Agata stupst sie vorsichtig zurück. Erdmännchenpaare in Disneyfilmen verhalten sich ähnlich zueinander.

Melt Banana formierten sich 1993 an der Tokioter Universität. Yako studierte Italienisch, Agata Koreanisch. Auch die chronisch schweigsame Bassistin Rika Mmm' und Melt Bananas erster Drummer Oshima waren hier eingeschrieben. Tatsächlich schlossen alle Mitglieder erfolgreich ab. „Allerdings", schränkt Agata ein, während wir die Treppe zu einem Schnellrestaurant erklimmen, das mit seinen traditionellen Reismattenräumen wirbt, aber vorzugsweise von betrunkenen Geschäftsmännern aus dem darunter liegenden Karaokelokal und den Huren des darüber liegenden Bordells besucht wird, „allerdings war ich im letzten Kurs, den mein Professor vor seinem Ruhestand betreute. In der Abschlussprüfung hatte ich sechs von hundert Punkten. Aber er wollte niemanden durchfallen lassen."

Das Essen kommt. Auf dem Salat tummelt sich etwas, das beklagenswerte Ähnlichkeit mit gerösteten Silberfischen hat. Die Frontfrau wirft einen derart angewiderten Blick darauf, dass ihr Gitarrist seinen Übersetzungscomputer bemüht. „These are ... fish. In Japan, they are very ... popular." „But not for us", schüttelt sich Yako. Diesmal ho-ho-ho-hoen beide zusammen. Und bestellen frittiertes Gemüse. Nach dem letzten Bissen beenden die beiden das Gespräch für heute. Im Studio ist noch Arbeit liegen geblieben. Die Beiträge für einige in nächster Zeit erscheinende Compilations sollen unbedingt fertiggestellt werden, bevor es nach Europa geht. Doch sie versprechen, uns in den nächsten Tagen im Hotel zu besuchen.

Eigentlich sollten Kollege Rodtmann und ich nach langem Flug und diesem Treffen todmüde sein. Doch stattdessen werden wir von Minute zu Minute munterer – der Jetlag, ausgelöst durch sieben Stunden Zeitdifferenz, macht sich bemerkbar. Also ersparen wir uns eine schlaflose Nacht und erkunden lieber ein bisschen die Tokioter Innenstadt.

In der U-Bahn werden wir angenehm überrascht. Keine unserer Horrorvorstellungen von voll gestopften Zügen mit weiß behandschuhten, nachschiebenden Beamten vor jeder Tür bewahrheitet sich. Die stehen höchstens für wenige Stunden täglich an zentralen Umsteigebahnhöfen. Die Angestellten sind ungeheuer hilfsbereit und ungeheuer schwer zu verstehen. Sie helfen in einer Sprache, die man mit einiger Geduld als Englisch identifiziert. Der Mann, den wir fragen, empfiehlt: „Take the Red Rine". Entgegen aller Vorurteile formen Japaner ohne Schwierigkeiten das „R". Nur können sie diesen Laut nicht vom „L" unterscheiden. Und wenn sie einem Europäer gegenüber stehen, formulieren sie aus Höflichkeit so hart wie nur irgend möglich.

Wir nehmen also die Red Rine und erreichen nach wenigen Stationen Akihabara, den legendären Elektro-Stadtteil Tokios, in dem die Spielhallen bis tief in die Nacht geöffnet sind. Zwischen den Spielhallen führen Gänge in die Geschäftshäuser, die auf den ersten Blick aussehen wie extrem enge Garageneinfahrten. Doch nach wenigen Metern Beton beginnen keine Garagen, sondern höhlenartige Elektrobasare. Bis zum abrupten Ende dieser seltsamen Gänge – 20 oder 30 Meter weit von der Straße entfernt an einer glatten Betonwand – stehen Händler mit ihren kleinen Verkaufstischchen. In jedem dieser Höhlen wird nur ein Produkt verkauft. Im ersten nur Batterien. Im zweiten nur Stecker. In den nächsten Akkus, Trafos, Kabel. Die Verkäufer stehen Schulter an Schulter; selbst japanische Schülerinnen auf Diät hätten an manchen Stellen Schwierigkeiten, sich voran zu drängeln. Wer hier keine Platzangst bekommt, kann seinen nächsten Feierabend getrost in der städtischen Müllpresse verbringen.

Wir halten uns lieber an die Spielhallen. Unter der Schnellbahnbrücke, direkt an der Akihabara-Station, befindet sich der „Club Sega", in dem jeder noch so absurde Spieltrieb befriedigt wird: Neben klassischen Spielautomaten und aufwendigen Racer-Konsolen findet man auch die Videospiele neuester Generation, deren Bildschirme man nicht einmal mehr berühren muss. Wer schon immer mal mit einem Schläger in der Hand vor einem zwei Mal zwei Meter großen Bildschirm eine Art Tischtennisballett aufführen wollte, ist hier genau richtig.

Einen Bezirk weiter, in „Roppongi" drängeln Touristen und amerikanische Soldaten über die Bürgersteige. Die Türsteher sind laut und preisen „beautiful girls" an. Wer Sex sucht oder sich in den Shot-Bars unter den Tisch zechen möchte, hat sein Ziel gefunden. Wir werden schon wieder von Hunger geplagt. Für Reisende ist das in Tokio ein normales Gefühl. Die Portionen in den Restaurants sind für den Durchschnittsjapaner berechnet; als normal großer Europäer hat man die paar Kalorien in zwei Stunden verbrannt. Wenn man sich nach ein paar Tagen ungewollter Diät mal wieder richtig die Plauze voll hauen will, landet man unweigerlich in einem exotischen ausländischen Lokal. Wie wir. Denn wir kehren beim nächsten Italiener ein. Außer uns sitzen nur Einheimische an den Tischen. Normale Leute verzehren ihre Spaghetti natürlich mit Stäbchen, was zu seltsamen Bewegungen irgendwo zwischen

Peitschen- und Lassoschwingen führt. Aber natürlich gibt es auch in Tokio jugendliche Angeber, die sich Gabel und Löffel geben lassen, um bei ihren Mädchen den Weltmann zu geben. Als Kollege Rodtmann und ich sogar auf die Löffel verzichten, ernten wir von allen Seiten verstohlen bewundernde Blicke.

Wieder draußen vor der Tür, gerade, als wir an die Hotelbar wechseln wollen, entdecken wir ein unscheinbares Türschild. „Tango XXL" steht darauf geschrieben. Neugierig geworden treten wir ein. Tatsächlich: Eine Tangobar, mitten im Tokioter Rotlichtbezirk! Ein paar Japanerinnen in großer Abendgarderobe lassen sich von – meist westlichen – Männern umherschwenken.

Juan Guida, ein 30-jähriger Argentinier, der den Club betreibt, freut sich über unseren Besuch. Er zirkelt ein paar gekonnte Schritte auf die Fläche. Dann setzt er sich zu uns. Ein Glas Wein später zeigt er mit dem Finger auf einen seiner Tanzlehrer. „Gucks dir an", zischt er mir verächtlich zu, „so einer dürfte bei mir zu Hause nicht mal Kinder unterrichten!" Als er meinen erstaunten Blick registriert, beginnt Guida seine Lebensgeschichte zu erzählen. Er stammt aus Buenos Aires und hat seine Begeisterung für den Tango erst mit über 20 Jahren entdeckt. Viel zu spät, um in Argentinien noch die Chance auf eine Profikarriere zu haben. Aber seine Liebe zu dem Tanz war so groß, dass er unbedingt Lehrer werden wollte. Irgendwo, wo seine Kenntnisse ausreichen. Also ist er nach Tokio gekommen. Er hasst Tokio. Die Stadt ist ihm zu technisiert, die Leute hätten keine Lebensfreude, und was sie seinem Tanz antun, davon will er erst gar nicht anfangen! Außerdem bringt ihn das Heimweh fast um. Doch immer, wenn Guida aussieht, als würde er sofort zu weinen beginnen, schnappt er sich eine der Tänzerinnen und wirbelt sie einen Tango lang quer durch den Saal. Dann kommt er mit strahlenden Augen wieder an unseren Tisch. Wir bleiben bei ihm, bis er den Laden schließt.

Draußen stellen wir fest, dass wir noch immer nicht müde sind. Vom Nachtleben haben wir genug, aber das macht nichts: Um fünf Uhr morgens beginnt im Hafen der Fischmarkt. Denn auch wenn es niemand merkt: Tokio ist eine Stadt am Meer. Am Pazifik, um genauer zu sein. Ein paar Minuten mit der Yellow Rine bringen uns vor die flachen Hallen, die einen halben Stadtteil bedecken. Von diesem würzig riechenden bis erbärmlich stinkenden Gewirr aus Ständen und Gängen, das den Namen „Tsukiji" trägt, wird neunzig Prozent des Tokioter Fischbedarfs gedeckt. Mehrfach müssen wir mit beherzten Sprüngen die Kameraausrüstung in Sicherheit bringen. Die Fischwerker arbeiten unter Zeitdruck und lassen sich von so etwas Albernem wie Besuchern aus Europa nicht die Zeit stehlen. Außerdem stehen sie unter Aufsicht. Denn obwohl die Besitzer der Fischhallen zu den reichsten Männern der Stadt gehören und in Villen an der Cote d'Azur oder in Florida Geld zählen könnten, gehört es zu ihrem Ehrenkodex, jeden Morgen neben den anderen Chefs hier zu stehen und so zu tun, als ob man sie brauchen würde. Irgendwann erreichen wir die Halle mit den Thunfischen. Hundert Meter lang, fünfzig Meter breit nichts als gefrorene Fischkörper, von denen einige bis zu 25000 Euro wert sind. Dicht an den Eingang gedrängt steht ein Häufchen amerikanischer Touristen, die das Treiben angewidert betrachten. Manchem von ihnen zittert sogar die Digitalkamera in den verkrampften Händen. Mit vergleichbarem

Gefühlsaufwand besuchen andere Menschen Holocaust-Gedenkstätten. Wahrscheinlich Vegetarier. Selbstverständlich gönnen wir uns ein leckeres Fischsüppchen zum Frühstück.

Wenn in Ihren Eingeweiden jemals morgens um neun – nach knapp 40 Stunden ohne Schlaf – eine Fischsuppe rebellieren sollte, dann würden Sie wahrscheinlich ebenso desorientiert durch die Gegend taumeln wie wir beide. Im Hotel schaffe ich es gerade noch aus meinen Kleidern. Dann schlafe ich endlich ein.

Am frühen Nachmittag sind wir wieder ansprechbar. Es ist Sonntag, und sonntags führt kein Weg vorbei am Yoyogi-Park. Baedecker-Reisende kommen wegen des Meiji-Schreins mit seinen Toren aus tausendjährigem Zypressenholz hierher; im Schrein werden bis heute Paare in Schinto-Tradition getraut. Alle anderen laufen durch zu den Scharen von Jugendlichen, die hier am Wochenende herumlungern. Offenbar haben sie sich allesamt den kompletten Morgen vor den Spiegel gestellt, um sich hier in voller Verkleidung zu präsentieren: Teddyboys und -girls mit Tolle und Petticoats tanzen zu viert um einen altersschwachen Kassettenrekorder herum. Nachwuchsbands rocken vor manchmal nur fünf- bis zehnköpfigen Fangrüppchen. Hip-Hopper funktionieren noch den gepflegtesten Brunnenplatz zur South Bronx um. Natürlich ist alles Imitat. Die Hauptattraktion aber wartet direkt vor dem Eingangstor einer nahen U-Bahn-Station mit dem entzückenden Namen Meijijingumae: Etwa zwei Hundertschaften Mädchen haben sich herausgeputzt wie ihre liebsten Comichelden. Superheldencapes und Pokémonkostüme sind hier alltäglich. Und wenn ein Mädchen im schwarzen Mantel mit Hakenkreuzbinde in der Armbeuge sich von einer Freundin fotografieren lässt, die sich unter einer ums Gesicht gewundenen Mullbinde liebevoll ein auslaufendes Auge geschminkt hat, dann wundert das erst recht niemanden. Nach einiger Zeit ziehe ich den wild um sich fotografierenden Kollegen mit sanfter Gewalt fort. Wir haben noch einen Griff in die Wundertüte Tokio zu tun. Den nach ganz unten, wo der Puffreis schon klebt und krümelt.

Der „Lovehotel-Distrikt" liegt mitten in der Innenstadt. Einen Quadratkilometer weit steht Absteige neben Absteige. Um hierher zu gehen, gibt es nur einen Grund: Man ist zum Ficken verabredet. Entweder es ist eilig, dann checkt man für den so genannten „Rest"-Tarif ein. Für maximal drei Stunden. Oder es darf ein bisschen länger dauern. Dann ordert man „Stay" für die ganze Nacht.

Ursprünglich gingen Paare in diesen Distrikt, deren Wohnungen zu klein oder zu hellhörig waren. Oder die wegen der Wohnungsnot oder aus Geldmangel mit der Familie zusammen wohnten. Mittlerweile sind auch in Tokio die Wände dicker geworden. Deshalb bieten die Hotels nicht nur Ungestörtheit, sondern versuchen Fantasien zu verkaufen: Jedes hat einen anderen Stil – das erste sieht aus wie eine europäische Ritterburg, das zweite wie die Spitze eines amerikanischen Wolkenkratzers, das dritte wie ein U-Bahnhof. Und so weiter.

Die Portiers sind nicht unbedingt erpicht darauf, deutsche Journalisten ihre Etablissements besichtigen zu lassen. Nachdem wir zwei Mal abgewiesen wurden, wechseln der Kollege und ich zur Überfalltaktik: Mit gezogenen Presseausweisen und schnell gesprochenem Englisch überrennen wir den Mann am Tresen einfach. Bevor er entschieden hat, ob wir ein Rollkommando von Interpol oder ein schwules Pärchen sind, stehen wir schon in den Zimmern. In jedem steht ein Doppelbett. In jedem steht eine Karaokemaschine. In jedem ist ein Automat mit Kondomen und Sexspielzeugen eingebaut. Wir überlegen gerade, ob wir uns ausmalen sollen, wie wohl ein gelungener Nachmittag mit einem Kettenhemd, einem Anal-Dildo und einer japanischen Version von „Rock you like a hurricane" aussehen könnte, als wir plötzlich eine offene Tür bemerken.

Eine Putzkraft reinigt die Partysuite. Sie besteht aus einer Art Lounge mit einem vier Meter langen Sofa. Davor steht ein Bildschirm, so groß wie eine kleine Kinoleinwand, auf der die Videos abgespielt werden. Die Decke besteht aus einem künstlichen Sternenhimmel. Ein schwarzer Untergrund ist mit Milchstraßen und Galaxien übermalt. Dazwischen simulieren hunderte kleiner Dioden Planeten und Sternschnuppen.

Links und rechts geht es zu zwei Schlafzimmern, in denen die Betten zerwühlt und beschmutzt sind. Auf dem Tisch zählen wir sieben Gläser. Angerissene Kondomverpackungen und Kleenex-Tücher mit harten Flecken liegen verstreut. Die Putzfrau würdigt uns keines Blickes. Sie reinigt gerade konzentriert das Mundstück des Karaoke-Mikrofons. Wer hier einen hochkriegt, ist voll mit Drogen, pervers oder Japaner. Soviel steht fest. Der Portier kommt in die Suite und fordert uns zum Gehen auf. Wollten wir ohnehin gerade.

„Raah!" Auf der Straße hören wir plötzlich Schreie. Von mehreren Stimmen. „Raah!" Einige Laute klingen nach Sex. Aber völlig entseelt. Andere klingen wie die Schreie von Kindern. Wir bleiben stehen. Schauen an den Fassaden der Hotels entlang. Minutenlang. Doch die Quelle dieses gespenstischen Lärms finden wir nicht. Dann hört das Geschrei abrupt auf. Verstört gehen wir zurück in unser Hotel.

Yako und Agata haben sich zum versprochenen Besuch angekündigt. Falls es Sie übrigens mal nach Tokio verschlagen sollte: Das Akasaka Prince ist ein Traum für alle, die am liebsten ins Jahr 1976 einziehen würden. Die Sofas sind weiß, die Tagesdecken glänzen silbrig, am Schreibtisch lauern abenteuerlich gerundete Monoblock-Stühle. Und vielleicht war Richard Roundtree als Superbulle Shaft der Letzte, der sich außerhalb des Akasaka auf einem Bett mit vergleichbar monströsem Radio räkelte. Als Yako und Agata auf die Minute pünktlich in der Zimmertür stehen, kommentieren sie den Raum jedenfalls mit diversen spitzen Schreien und einigen Extra-Ho-ho-hos. Es kostet einige Mühe, sie wieder auf ein so profanes Thema wie die eigene Musik zu lenken.

Trotz all der großen Namen im Umfeld sind Melt Banana kommerziell nie besonders erfolgreich gewesen. Zu ihren Konzerten in Tokio kommen rund zweihundert Fans, im Ausland sind es meist auch nicht mehr. Und da es in Japan keine einzige unabhängige Radiostation gibt, die etwas anderes als Supermixe aus irgendwelchen Jahrzehnten spielt, verkaufen sich auch die Platten eher bescheiden. Wenn sie also nicht „Arr-bai-tonn" wollen – mit diesem Wort bezeichnen Japaner in Anlehnung an das deutsche Wort ungeliebte Nebenjobs–, dann muss getourt werden. Seit Bestehen der Band sind Melt Banana bereits acht Mal in die USA und drei Mal nach Europa aufgebrochen; einmal haben sie in den USA binnen 60 Tagen 64 Live- und Radioshows gespielt. Gestresst haben sie sich davon allerdings nie gefühlt. „Life is easy on tour", grinst Yako. „You get something to eat and a bed." „And you never need to clean up", ergänzt Agata.

Nachdem wir uns für den Gig in Berlin verabredet und sie zur U-Bahn begleitet haben, bleibt noch eine Frage, bevor die beiden wieder im Gewimmel der Shinjuku-Station verschwinden. Gibt es eigentlich einen Schlachtruf der Band, mit dem man Melt Banana zujubeln könnte? Einen Slogan wie das „Gabba Gabba Hey!" der Ramones? Die beiden schauen sich irritiert an. Agata lacht verlegen. Und dann hat Yako eine Idee: „When we are entering the stage, maybe you should say ho-ho-ho-ho!"

Am nächsten Tag liegen Kollege Rodtmann und ich auf der Wiese eines Stadtparks und machen Mittagspause. Krümel von unseren Sandwichs fallen auf den Rasen. Nach einiger Zeit fliegt von einem Baum am Rand der Wiese eine Krähe heran. Sie pickt ein paar Krümel. Als wir sie gewähren lassen, dreht sie ihren Kopf. „Raah!" schreit sie in Richtung Baum. „Raah! Raah!" kommt aus dem Baum die Antwort. Und schreiend fliegt ein ganzer Schwarm Krähen auf uns zu. Einige der Schreie klingen wie Sex. Und einige wie Kinder. Obwohl Fotograf Rodtmann und ich plötzlich von einem Dutzend großer, pickender Vögel umringt sind, grinsen wir uns erleichtert zu.

„TEGEL ABFLUGHALLE, BITTE"
– EIN NACHWORT

Ich zucke zusammen und bin wach. Viertel nach vier. Es ist Sommer, und die Dinge vor dem Fenster nehmen schon ihre Tagesgestalt an. Kein Alptraum hat mich geweckt. Nur ein Gefühl, das in der Nacht vor jedem Flug und in der Nacht nach jedem Flug in meinem Schlaf herum schleicht. Ein seltsamer Gedanke.

Es beginnt immer damit, dass das Bett sich bewegt. Sanft, kaum zu spüren. Ich muss gar nicht die Augen öffnen um zu wissen – ich schwebe gerade in ein paar tausend Metern Höhe. Unter mir liegt eine dünn besiedelte, leicht gewellte Ebene voller Wiesen und mit einigen roten Backsteinhäusern dazwischen. Es ist nicht kalt, es ist nicht windig, es ist nicht gefährlich – es ist fast wie in einer Wiege. Nur aus dem Bett fallen darf ich nicht.

Doch dann denke ich jedes Mal an den Mann, von dem sie mir erzählt hat. Ein schweizer Rentner, der auf einem Korbsessel im Garten saß, eine Zigarre rauchte und für das Kinderfest seiner Enkel Luftballons mit Gas aus einer Flasche füllte. Damit sie nicht davon flogen, band er jeden einzelnen an die Lehnen des Sessels. Irgendwann merkte er, dass sein Sitz zu zittern begann. Die Ballons gaben soviel Auftrieb, dass er kurz davor war abzuheben. Der Rentner dachte nach. Weil er im

Grunde seines Herzens ein Abenteurer war, oder weil er nichts Besseres zu tun hatte, band er noch ein paar weitere ans Rückenteil. Und erhob sich langsam in die Luft. Er sah sich erst sein Haus von oben an. Dann sein ganzes Dorf. Irgendwann wurde ihm in der Höhe kalt. Da zerstach er ein paar der Ballons mit der Zigarrenglut. Gerade soviel, bis er langsam zu sinken begann. Eine halbe Stunde später landete er wieder, einige hundert Meter von seinem Haus entfernt. Die Nachbarn erklärten ihn für wahnsinnig. Seine Frau bekam fast einen Schlaganfall. Aber er hatte während des ganzen Fluges nicht einen Moment Angst gehabt.

Wenn ich an diesen Rentner denke, muss ich im Schlaf immer schmunzeln. Doch dann sehe ich mich selbst. In tausend Metern Höhe auf einem Stuhl, ohne Sicherheitsgurt. Schaue vor meine Knie, schaue durch das Korbgeflecht zwischen meinen Beinen in die Tiefe. Zucke zusammen und bin wach. In der Nacht vor jedem Flug. In der Nacht nach jedem Flug. Immer gegen vier Uhr.

Gut, dass ich diesmal zu Hause aufwache und sie neben mir liegt. Um mich zu beruhigen, knuffe ich ihr in die Seite, bis sie sich auf die Seite dreht und ich mich gegen ihren Rücken schmiegen kann. Meistens protestiert sie knurrend, ohne aufzuwachen. In der Nacht vor einem Flug kann ich darauf keine Rücksicht nehmen. Immerhin werde ich in ein paar Stunden fort sein. Sie hätte sich schließlich auch einen anderen Mann aussuchen können.

Während ich versuche wieder einzuschlafen, muss ich plötzlich an den Tod denken. Klar: sterben kann man jeden Tag, und das Ergebnis ist überall so ziemlich dasselbe. Aber bei einem

Flugzeugabsturz? Vielleicht noch über dem Ozean? Mit anschließendem stundenlangem Ersaufen in einer schlecht aufgeblasenen Rettungsweste? Oder Verbluten mit abgerissenem Arm, irgendwo in der Wüste? Ich dränge mich fester an sie.

Um Ruhe zu finden, gehe ich in Gedanken die Sachen in meiner Tasche durch. Und verabschiede mich von meinen Freunden und Verwandten, die um Viertel nach vier wahrscheinlich auch in ihren Betten liegen. Immer abwechselnd. Tschüß, Rudi! Wo steckt eigentlich mein Pass? Machs gut, Gerrit! Und Socken? Sind genug Socken im Gepäck? So rennen die Gedanken vor mir her. Irgendwann, vielleicht bei der Zahnseide, oder bei einer meiner Nichten, werde ich träge und verfolge sie nicht länger.

Das Radio weckt mich. Diesmal dauert es ein bisschen, bis ich zu mir komme. Doch dann schubst mich der Gedanke an den Abflug aus dem Bett. Ohnehin brauche ich nie lange, um reisefertig zu werden. Ich packe, dusche und rasiere mich vor dem Einschlafen, damit ich morgens nicht hetzen muss. Also Aufstehen, Joghurt essen, Zähne putzen, Kulturbeutel in die Tasche schmeißen, Tasche schließen, in die Stiefel steigen, Jackett überziehen, fertig.

Ganz zum Schluss sitze ich noch für wenige Minuten auf der Bettkante. Wir reden nicht viel. Denn alles Wichtige ist gestern schon besprochen worden. Jetzt sind wir gar nicht mehr richtig beieinander – sie ist halb im Schlaf, ich bin halb im Flugzeug. Vor dem Aufstehen flüstere ich ihr etwas ins Ohr. Sie mir auch.

Dann wird es Zeit, die Wohnung zu verlassen. Der Taxistand ist nur eine Querstraße entfernt.

„Tegel Abflughalle, bitte." Der Fahrer nickt.

Eine oder zwei Stunden später, wenn ich binnen Minuten von der Startbahn in die Wolken gejagt werde, wenn ich mir vor Angst auf die Zähne beiße und die Hände gefaltet habe, damit ich mich nicht selbst kratze, wenn die Startturbulenzen vorbei sind und unter mir eine dünn besiedelte, leicht gewellte Ebene voller Wiesen und mit einigen roten Backsteinhäusern dazwischen liegt, dann lächle ich plötzlich. Denn wenn ich hier und jetzt sterben müsste, wären die letzten persönlichen Worte, die ich in meinem Leben gehört hätte, „Ich dich auch" gewesen.

Mehr kann man wirklich nicht verlangen.

VERBRECHER VERLAG

BIELEFELDBUCH

(Hrsg.: Jörg Sundermeier
und Werner Labisch)
180 Seiten
13,00 € / 24,00 SFr
ISBN: 3-935843-27-5

Bielefeld liegt am Teutoburger Wald, hat Dr Oetker, den Ostwestfalendamm, die Nähmaschinenindustrie, die einst gelobte Sennestadt und keine Folklore. Zugleich ist dieser Ort Gegenstand unzähliger Witze, und als solcher in der ganzen Bundesrepublik bekannt. Es gibt sogar die Behauptung, die Stadt Bielefeld existiere gar nicht, und sei lediglich Gegenstand einer großangelegten Verschwörung. Was aber ist Bielefeld wirklich? Christian Y. Schmidt, Käthe Kruse, Max Müller, Jens Kirschneck, Bernadette la Hengst, Katz + Goldt u.v.a. klären auf.

Verbrecher Verlag Gneisenaustraße 2a 10961 Berlin
www.verbrecherei.de info@verbrecherei.de

VERBRECHER VERLAG

KREUZBERGBUCH

(Hrsg.: Verena Sarah Diehl, Jörg Sundermeier, Werner Labisch)
160 Seiten
12,30 € / 24,00 SFr
ISBN: 3-935843-06-2

In den 80ern war Kreuzberg ein Mythos. Berlinerinnen und Nichtberliner, West- und Ostdeutsche, Migranten und Rucksacktouristen schwärmten von diesem Bezirk oder machten einen weiten Bogen drum herum, lebten hier oder wollten hier leben. Kurz: sie träumten von Kreuzberg. Ein Rückblick ohne Verklärung und Wehmut, gut gelaunt.

Texte und Bilder von Doris Akrap, Jim Avignon, Annette Berr, Françoise Cactus, Tatjana Doll, Sonja Fahrenhorst, Oliver Grajewski, Darius James, Meike Jansen, Jürgen Kiontke, Almut Klotz, Dietrich Kuhlbrodt, Leonhard Lorek, Max Müller, Wolfgang Müller, Thorsten Platz, Christiane Rösinger, Sarah Schmidt, Stefan Wirner, Deniz Yücel.

Verbrecher Verlag Gneisenaustraße 2a 10961 Berlin
www.verbrecherei.de info@verbrecherei.de

VERBRECHER VERLAG

MARBURGBUCH

(Hrsg.: Nils Folckers und Ambros Waibel)
160 Seiten
13 €, 24 SFr
Erstausgabe
ISBN: 3-935843-33-X

Wer nach Marburg kommt, will wieder weg. Doch das mittelhessische Bergnest mit den Fixpunkten Elisabethkirche, Stadtautobahn, Landgrafen-Schloß und Georg Fülberth ist zäh. Autorinnen und Autoren, die den Absprung doch noch geschafft haben, erzählen im Marburgbuch von kurzen Begegnungen, schnellen Fluchten und abgebrochenen Langzeitstudien.
Mit Texten und Bildern von Wiglaf Droste, Caroline Hartge, Rattelschneck, Harry Rowohlt, ©Tom, Klaus Bittermann, Hartmut El Kurdi, Horst Tomayer, Christian Y. Schmidt u.v.a.

Verbrecher Verlag Gneisenaustraße 2a 10961 Berlin
www.verbrecherei.de info@verbrecherei.de

VERBRECHER VERLAG

LEIPZIGBUCH

(Hrsg.: Jörg Sundermeier und Susanne Klingner)
224 Seiten
13,00 € / 24,00 SFr
Erstausgabe
ISBN : 3-935843-51-8

Leipzig liegt dazwischen. Zwischen den lauten Sachen und den leisen Dingen. Zwischen Bundesverwaltungsgericht, gescheiterter Olympiabewerbung, Leipziger Buchmesse, dem gigantomanischen Völkerschlachtdenkmal. Und dem Leisen, das (Wahl-)Leipziger dazu hinreißt, ihre Stadt den besten Ort der Welt zu nennen: junge Literatur- und Kunstszene, Bekloppte und Geniale, Parks und Seen, leerstehende Häuser und Fabriken, Kellerclubs und die schrulligen Einheimischen. Texte und Bilder von Melanie Arns, Roger Berger, Barbara Bollwahn, Björn Carius, Peter O. Chotjewitz, Tatjana Doll, Anne Glück, Oliver Grajewski, Tobias Hülswitt, Meike Jansen, Paul Kaltefleiter, Martin Klindtworth, Susanne Klingner, Christina Kretschmer, Izy Kusche, Arne Linde, Leonhard Lorek, Thomas Magosch, Philip Meinhold, Kito Nedo, Haimo Perkmann, Ekkehard Petzold, Tobias Rentzsch, Ronald M. Schernikau, Christian Y. Schmidt, Dirk Schmidt, Eva Simon, Barbara Streidl, Tina Uebel, Ambros Waibel, Michael Weins und Stephanie Wurster.

Verbrecher Verlag Gneisenaustraße 2a 10961 Berlin
www.verbrecherei.de info@verbrecherei.de

VERBRECHER VERLAG

Andreas Rüttenauer

POKALFINALE

Roman

144 Seiten
12,00 € / 22,00 SFr
ISBN: 3-935843-24-0

In „Pokalfinale" geht es nicht um Fußball, sondern um die Fans. Ganz spezielle Fans. Ostdeutsche Hooligans treffen auf süddeutsche Möchtegern-Prolos. Diese jungen Männer wissen alles über ihre Mannschaft, Bier, Autos, Frauen und Ausländer. In „Pokalfinale" wird das Innenleben der Fans mitsamt ihrem Männlichkeitswahn ausgestellt, hier reden diese Männer, wie diese Männer reden. So haben sie einfach recht, sie sind die Größten, die Besten, sie gewinnen stets. Ihre Umgebung aber, die muss ausgelacht werden. Weil das Spaß macht.

Verbrecher Verlag Gneisenaustraße 2a 10961 Berlin
www.verbrecherei.de info@verbrecherei.de

VERBRECHER VERLAG

Jim Avignon
WELT UND WISSEN
Bilder + Geschichten

180 Seiten
80 Abb.
durchgehend vierfarbig
14,00 € / 28 SFr
ISBN: 3-935843-16-X

Ein neues Buch von Jim Avignon, diesmal gestaltet er einen fiktiven Wissenschaftsatlas, der die verschiedenen Wissenschaftsdiziplinen vorstellt – absurde Grafiken und Landschaften, die unsere Welt erklären.
Dazu stellen seine Freundinnen und Freunde, unter anderem Almut Klotz, Dietmar Dath, Andreas Rüttenauer, Kolja Mensing, Linus Volkmann, Françoise Cactus, Christian Gasser und Tom Combo, Texte, so dass die Welterfahrung komplett wird. Ein Bilder-Lesebuch der angenehmen Art.

Verbrecher Verlag Gneisenaustraße 2a 10961 Berlin
www.verbrecherei.de info@verbrecherei.de

VERBRECHER VERLAG

Gisela Elsner
DIE ZÄHMUNG
Roman

Mit einem Nachwort von
Tjark Kunstreich
280 Seiten
15,00 € / 30,00 SFr
ISBN 3-935843-09-7

Die Zähmung des Schriftstellers Alfred Giggenbacher durch seine Ehefrau, die endlich den Durchbruch schaffen wollende Filmemacherin Bettina Begemann, galt 1984, als diese Chronik einer Ehe in Westdeutschland erschien, als Satire des Geschlechterrollentauschs. Achtzehn Jahre später ist von der „galligen Komik", der „satirischen Präzision", die der Verlag seinerzeit auf dem Cover versprach, nichts, aber auch gar nichts mehr übrig. Vielmehr erinnert Gisela Elsner in der Radikalität ihrer Ablehnung der Errungenschaften von 1968 an Michel Houellebeques Beschreibungen des postmodernen Beziehungselends.

Verbrecher Verlag Gneisenaustraße 2a 10961 Berlin
www.verbrecherei.de info@verbrecherei.de

VERBRECHER VERLAG

Barbara Kirchner/
Dietmar Dath

SCHWESTER MITTERNACHT

Roman

350 Seiten
16,00 € / 30,00 SFr
ISBN: 3-935843-14-3

Dietmar Dath und Barbara Kirchner, beide profilierte Wissenschafts- und Science-Fiction-Autoren, haben diesen Roman gemeinsam verfasst. Es dreht sich um Himmel und Hölle, um den Krieg zwischen Terroristen und Regierungen, um Sex, Sex, Sex und um die Droge „Schwester Mitternacht", die auch die Hirne der WissenschaftlerInnen benebelt. Eine packende Story und zugleich eine Gesellschaftssatire.

Verbrecher Verlag Gneisenaustraße 2a 10961 Berlin
www.verbrecherei.de info@verbrecherei.de

VERBRECHER VERLAG

Peter O. Chotjewitz
URLAUB AUF DEM LAND
Erzählung

128 Seiten
12,00 € / 22,00 SFr
ISBN: 3-935843-35-6

In dieser Erzählung, Ende der Achtziger Jahre geschrieben, wird eine Journalistin während des Aufenthaltes in ihrer Provinzstadt in einen Mordfall verwickelt. Bei der Recherche merkt sie, wie die Vertreter von Polizei und Presse den Fall benutzen, um ihre eigene Karriere vorantreiben zu können. Die Provinz ist nicht schlechter als die Stadt, doch wird in ihr vieles schneller sichtbar.

„Im engeren Sinn ist dieser Kriminalroman ein Detektivroman. Als Detektiv wird nicht etwa ein Marlowe aktiv, sondern eine Vivi Schweighard, eine burschikose Journalistin, deren Stärke ein selbstironischer Feminismus, deren Achillesferse die Liebe zum Alkohol und deren Markenzeichen flapsige Sprüche sind. Sie macht in ihrer Heimatstadt Urlaub und kommt falschen polizeilichen Ermittlungen in einem Doppelmordfall und einem Komplott des Chefredakteurs der Ortszeitung auf die Spur. Natürlich spielen parteipolitische Motive mit. So läuft alles auf die Enttarnung des kommunalen Establishments hinaus: eine Provinzposse."

Walter Hinck / Frankfurter Allgemeine Zeitung

Verbrecher Verlag Gneisenaustraße 2a 10961 Berlin
www.verbrecherei.de info@verbrecherei.de

VERBRECHER VERLAG

Rolf Aurich und Wolfgang Jacobsen (Hg.)
DAS EDELBUCH

208 Seiten
14,00 € / 26,00 SFr
ISBN 3-935843-36-4

Alfred Edel war ein unvergleichlicher Schauspieler. Er spielte in unter anderem in Filmen von Herbert Achternbusch, Monika Treut, Christoph Schlingensief, Alexander Kluge, stand auf der Theaterbühne, war ein Frankfurter Original und ist in nicht wenigen Publikationen aus dem Kreis der „Neuen Frankfurter Schule" eine wichtige Figur. Mit diesem Buch soll an ihn erinnert werden.

Beiträge von Rainer Friedrichsen, Eva Demski, Gisela Geier und Ronny Loewy, Bernd Pfarr, Simone Borowiak, Arend Agthe, Volker Kühn, René Perraudin, Norbert Schliewe, Monika Treut, Ulrich Mannes, Richard Siebenbürger, Thomas Brandlmeier, Alfred Rolf Aurich, Wolfgang Jacobsen, Alexander Kluge, Christian Schulte, Wolf Peter Fahrenberg, Ralph Eue, Rainer Knepperges, Dietrich Kuhlbrodt, Günter Krenn, Bernd Eilert, Peter W. Jansen, Jörg Becker, Heike Klapdor, Robert Gernhardt, Emmy und von Alfred Edel.

Das Buch ist eine Publikation des Filmmuseums Berlin.

Verbrecher Verlag Gneisenaustraße 2a 10961 Berlin
www.verbrecherei.de info@verbrecherei.de

VERBRECHER VERLAG

Wolfgang Müller (Hrsg.)
NEUE NORDWELT

192 Seiten
14,00 € / 28,00 SFr
ISBN: 3-935843-22-4

Von hohem historischem Interesse ist das neue Buch des Islandspezialisten Wolfgang Müller. Er wendet sich der „Neuen NortWelt" des Universalgelehrten Hieronymus Megiser zu, dem ersten größeren deutschen Druckwerk, in dem ausführlich über Island, Grönland und die Phantominsel Frißland berichtet wird. 1613 in Leipzig erschienen, enthält es Texte von Blefken, Arngrimur Jónsson und den Brüdern Zeni. Übertragen in originaler Orthographie, sachkundig eingeleitet und kommentiert von Wolfgang Müller.
„Ich hab ein Isländer gesehen/der eine Hamburgische Tonnen voll Bier so leichtlich an den Mund hielt/und daraus tranck/als wann er nur ein Kannen hette in der Hand gehabt... Und sie leben also viel Jahr ohn Arzney und Arzt. Es erreichen ihre viel das 150. Jahr. Ich habe einen alten Mann gesehen/der sagte daß er damals schon 200. Jahr gelebet hette. Ja, Olaus Magnus schreibet im 20. Buch/die Isländer leben 300. Jahr."
Der Autor, Musiker und Künstler Wolfgang Müller ist Präsident der Walther von Goethe Foundation. Diese hat sich zur Aufgabe gemacht, die kulturellen und gesellschaftlichen Beziehungen zwischen Island und Deutschland zu erforschen und zu fördern.

Verbrecher Verlag Gneisenaustraße 2a 10961 Berlin
www.verbrecherei.de info@verbrecherei.de

VERBRECHER VERLAG

Christian Broecking
BLACK CODES

144 Seiten
13 € / 24 SFr
ISBN 3-935843-60-7

Black Codes, die subtilen Schichtungen sprachlicher und musikalischer Bedeutung, spielen im Leben und Werk der in diesem Buch befragten Menschen eine zentrale Rolle. Triumphierender, lebensbejahender Humor und große Enttäuschung über ge-sellschaftliche Niederlagen werden zusammen gelesen. Rassismus ist das Hauptpro-blem, sagen in diesem Buch einflussreiche Repräsentanten der afroamerikanischen Kunst und Kultur, wenn sie über gemeinsame Grunderfahrungen sprechen. Das Grundübel war das One-Way-Ticket in die Sklaverei, resümiert die Dichterin Jayne Cortez: „Jeder von uns ist auf der Suche, da wieder raus zu kommen, bis heute."
Broecking hat Cassandra Wilson, Wynton Marsalis, Shirley Horn, Dianne Reeves, Oscar Brown Jr., Abbey Lincoln, Amina Claudine Myers, Stanley Crouch, Amiri Baraka, Jayne Cortez und Gil Scott-Heron gefragt, wie die afroamerikanische Erfahrung ihr Werk geprägt hat.
Christian Broecking, geb. 1957 in Flensburg, Soziologe, war gründender Programm-direktor von Jazz Radio Berlin, danach Studioleiter von Klassik Radio in Frankfurt am Main. Heute Hörfunkautor (WDR, HR, D-Radio) und Musikpublizist, schreibt u.a. für taz, Berliner Zeitung und jazz thing. Zuletzt erschien im Verbrecher Verlag: „Respekt" (2004).

Verbrecher Verlag Gneisenaustraße 2a 10961 Berlin
www.verbrecherei.de info@verbrecherei.de